高职高专会计类专业教材

出纳岗位实训

吴 群 主编

中国建材工业出版社

图书在版编目（CIP）数据

出纳岗位实训/吴群主编. --北京：中国建材工业出版社，2020.3

高职高专会计类专业教材

ISBN 978-7-5160-2812-4

Ⅰ.①出… Ⅱ.①吴… Ⅲ.①出纳—会计实务—高等职业教育—教材 Ⅳ.①F231.7

中国版本图书馆CIP数据核字（2020）第024876号

出纳岗位实训

Chuna Gangwei Shixun

吴 群 主编

出版发行：中国建材工业出版社

地 址：北京市海淀区三里河路1号

邮 编：100044

经 销：全国各地新华书店

印 刷：北京鑫正大印刷有限公司

开 本：787mm×1092mm 1/16

印 张：9.75

字 数：220千字

版 次：2020年3月第1版

印 次：2020年3月第1次

定 价：39.80元

本社网址：www.jccbs.com，微信公众号：zgjcgycbs

前　言

为了适应我国教育改革与发展的需要，满足中职学校或高职院校工学结合的需求，培养更适合出纳工作岗位的一线人才，实现教学与工作岗位的零距离对接，我们编写了本书。本书的编写原则为“以实践工作为出发点，以理论教学为基础，以培养职业能力为目标，重实训重实操，力求做到理论联系实际，能够用所学理论知识分析、解决实际问题”。

“出纳岗位实训”是基于出纳工作岗位开发的一门课程，是财会类专业的核心课程。本书以出纳岗位的工作模块分类为编写思路，以培养学习对象办理出纳业务工作能力为出发点，设计业务资料，业务处理流程，介绍出纳相关知识，体现“学中做，做中学”的教学设计理念。出纳岗位实务是一门实践性和操作性较强的课程，要求学生在学习时不仅要掌握完成出纳岗位工作任务应具备的基本技能，掌握会计核算的各种基本方法，而且要求学生具备现金管理、银行存款管理、票据管理、印鉴管理、业务交接等业务的操作能力，掌握点钞、人民币真假识别、保管技能，具备良好的职业道德、高度的责任心和思维严谨、逻辑清晰、工作细致耐心、协调团结等基本素质。本书以工作任务为中心，整合相应的知识和技能及工作态度，力求实现理论与实践一体化。

建议教师在课堂教学中，将本课程作为技能课，区别于专业理论课程的教学方法和手段，注重学生动手能力的培养，本课程建议课时数为72学时，具体学时分配建议见下表。

课时分配建议表

学习内容	教学课时	实践课时	合计
项目一　认知岗位	4	4	8
项目二　现金业务	4	8	12
项目三　银行业务	8	12	20
项目四　其他业务	4	8	12
项目五　综合实训	8	12	20
合　计	28	44	72

本书由吴群主编、主审。项目一由王薇编写，项目二、项目四由杨瑜编写，项目三由吴群、丁小红编写，项目五由杨瑜、王薇编写。提供实训答案及模拟试题两套教学资源。由于编者水平有限，书中难免存在不足之处，敬请广大教师和读者提出宝贵意见。

编　者

2020年1月

目　　录

项目一　认知岗位

任务一　岗位认知

一、出纳的含义

出纳是随着货币及货币兑换业务的出现而产生的，所谓“出”即支出、付出；而“纳”即收入。具体地讲，出纳工作是管理货币资金、票据、有价证券进出的一项工作。企业凡是与钱有关的业务，都由出纳人员处理。企业的大部分业务都与钱有关，例如“提取备用金”“支付费用”“员工借款”“收到现金”等。出纳是每个公司或者单位不可或缺的职位。

从广义上讲，出纳是按照有关规定和制度，办理本单位的现金收付、银行结算及有关账务，保管库存现金、有价证券、财务印章及有关票据等工作的总称。出纳既包括会计部门的出纳工作人员，也包括业务部门的各类收款员（收银员）。从狭义上讲，出纳仅仅指各单位会计部门专设岗位的出纳人员。

知识拓展

收款员（收银员），从其工作内容、方法、要求，以及他们本身应具备的素质等方面看，与会计部门的专职出纳人员有很多相同之处。他们的主要工作是办理货币资金和各种票据的收入，保证经手的货币资金和票据的安全与完整；他们也要填制和审核许多原始凭证；他们同样直接与货币打交道，除了要有过硬的出纳业务知识以外，还必须具备良好的财经法纪素养和职业道德修养。所不同的是，他们一般工作在经济活动的第一线，各种票据和货币资金的收入，特别是货币资金的收入，通常是由他们转交给专职出纳的；另外，他们的工作过程是收入、保管、核对与上交，一般不专门设置账户进行核算。所以，收款员（收银员）是出纳（会计）机构的派出人员，是各单位出纳队伍中的一员，其工作是整个出纳工作的一部分。

二、出纳工作的特点

（一）社会性

出纳工作担负着一个单位货币资金的收付、存取活动，而这些活动是置身于整个社会经济活动的大环境之中的，是和整个社会的经济运转相联系的。只要某个单位发生经济活动，就必然要求出纳人员与之发生经济关系。出纳人员要了解国家有关财会政策法规并参加这方面的学习和培训，要经常到银行办理业务。因此，出纳工作具有广泛的社会性。

（二）繁杂性

出纳工作主要核算与管理企业、事业单位流动资产中的货币性资产，因此，出纳人员运用收、付款凭证和现金与银行存款日记账如实记录、核算，结出余额并与银行对账单核对。

（三）细致性

由于出纳工作是会计的基础工作，是会计工作的基本环节，要使会计工作正常、有序，就要求出纳人员在具有较强的责任心的基础上，工作认真细致，避免因工作的疏漏而影响企业资金的周转、使用。

（四）专业性

出纳工作作为会计工作的一个重要岗位，有着专门的操作技术和工作规则。凭证如何填，日记账怎样记都很有学问，就连保险柜的使用与管理也是很讲究的。因此，要做好出纳工作，一方面要求出纳人员经过一定的职业教育；另一方面也需要出纳人员在实践中不断地积累经验，掌握工作要领，熟练使用现代化办公软件。

（五）政策性

出纳工作是一项政策性很强的工作，其工作的每一环节都必须依照国家规定进行。例如，办理现金收付要按照国家现金管理规定进行，办理银行结算业务要根据国家银行结算办法进行。《会计法》《会计基础工作规范》等法规都把出纳工作并入会计工作中，并对出纳工作提出了具体规定和要求。出纳人员不掌握这些政策法规，就做不好出纳工作；不按这些政策法规办事，就违反了财经纪律。

（六）时间性

出纳工作具有很强的时间性，何时清点现金，何时核对银行对账单等，都有严格的时间要求，一天都不能延误。例如银行贷款到期偿还、银行承兑汇票到期承兑，这些事不能拖延到第二天完成，否则会影响企业在银行的信用等级。因此，出纳人员心里应有个时间表，及时办理各项工作，保证出纳工作的质量。

三、出纳工作的基本原则

出纳工作的基本原则主要指内部牵制原则或者说钱账分管原则。

《会计法》第三十七条规定："会计机构内部应当建立稽核制度。出纳人员不得兼任稽核、会计档案保管和收入、支出、费用、债权债务账目的登记工作。"

钱账分管原则指管钱的不管账、管账的不管钱。凡是涉及款项和财物收付、结算及登记的任何一项工作，必须由两人或两人以上分工办理，钱一般由公司的出纳人员来管，如报销业务员交通费、汇钱给客户、跑银行、买发票等，而账一般由公司的会计来管，如果钱有问题，就会反映到会计的账上；反之，如果账有问题，出纳人员的钱自然就对不上，这样很容易查出误差或舞弊所在。

从组织上做到分工明确、责任清楚，有利于会计人员、出纳人员各自发挥不同的专业职能，便于相互核对和制约，确保账款相符和库款安全。例如，现金和银行存款的支付，应由会计主管人员或其授权的代理人审核、批准，出纳人员付款，记账人员记账。实行钱账分管，主要是为了加强会计人员相互制约、相互监督、相互核对，提高会计核算质量，防止工作误差和营私舞弊等行为。

钱账分管原则是出纳工作的一项重要原则，各单位都应建立健全这一制度，防止营私舞弊行为的发生，维护国家和单位的财产安全。

四、出纳工作的内容

（1）办理现金收付，严格按规定收付款项。出纳人员应严格遵守现金开支范围，非现金结算范围不得用现金收付；遵守库存现金限额，超限额的现金按规定及时送存银行。办理现金收付，审核审批有据。严格按照国家有关现金管理制度的规定，根据稽核人员审核签章的收付款凭证进行复核，办理款项收付。对于重大的开支项目，必须经过会计主管人员、总会计师或单位领导审核签章，方可办理。收付款后，要在收付款凭证上签章，并加盖“收讫”“付讫”戳记。

（2）办理银行结算，规范使用支票，严禁签发空白支票。出纳人员需根据单位审核后的原始凭证签发支票，严禁签发空白支票，不准出租出借银行账户为其他单位办理结算。这是出纳人员必须遵守的一条纪律，也是防止经济犯罪、维护经济秩序的重要方面。对于填写错误的支票，必须加盖“作废”戳记，与存根一并保存。支票遗失时要立即向银行办理挂失手续。

（3）登记日记账，保证日清月结。出纳需根据已经办理完毕的收付款凭证，逐笔顺序登记现金日记账和银行存款日记账，并结出余额。现金日记账余额与库存现金每日下班前应核对，发现问题及时查对；银行存款日记账与银行对账单也要及时核对，对于未达账款，要及时查询，如有不符，应立即通知银行调整。

（4）保管库存现金，保管有价证券。对于现金和各种有价证券，要确保其安全和完整无缺。要建立适合本单位情况的现金和有价证券保管责任制。库存现金不得超过银行核定的限额，超过部分要及时存入银行。不得以“白条”抵充现金，更不得任意挪用现金。如果发现库存现金有短缺或盈余，应查明原因，根据情况分别处理，不得私下取走或补足。如有短缺，要负赔偿责任。

（5）保管有关印章、空白收据和空白支票。单位财务专用章和法人章要实行分管，严禁将财务专用章和法人章一并交由出纳人员保管和使用，否则会给违法、违纪行为带来可乘之机。交由出纳人员保管的财务专用章要严格按规定用途使用。空白支票使用上必须加强管理，同时要采取必要措施妥善保管，以免发生非法使用和盗用、遗失等情况。出纳人员购入支票后，要贯彻票、印分管的原则，空白支票和印章分开存放。

五、出纳岗位的职责

工作岗位职责是职务与责任的统一，由授权工作范围和相应的责任两部分组成。出纳岗位职责具体包括：

（1）按照国家有关现金管理和银行结算制度的规定，办理现金收付和银行结算业务。

（2）根据会计制度的规定，出纳根据已编制收付款凭证逐笔顺序登记现金日记账和银行存款日记账，并结出余额。

（3）按照国家外汇管理规定及时办理结汇、购汇、付汇，避免国家外汇损失。

（4）掌握银行存款余额，不准签发空头支票，不准出租、出借银行账户为其他单位办理结算。

（5）保管库存现金和各种有价证券（如国库券、债券、股票等）的安全与完整。

（6）保管有关印章、空白收据和空白支票。通常，单位财务公章和出纳人员人名章要实行分管，交由出纳人员保管的出纳印章要严格按规定用途使用，各种票据要办理领用和注销手续。

【例 1-1】下面是某公司制定的出纳管理制度。

（1）出纳岗位职责。

①负责现金的收付，依据当天的现金收付凭证登记“现金日记账”，并清点库存现金，保证库存现金余额与现金日记账的现金余额一致。

②负责银行空白票据的领购、保管，办理银行存款的收付业务。

③保证银行存款余额与银行存款对账单一致。

④应认真填写发票事项、金额，确保每张发票的填开完整规范。

（2）出纳应当严格遵守的操作要求。

①按照《支付结算办法》等国家有关规定，加强银行账户的管理，严格按照规定管理账户，办理存款、取款和结算。

②严格遵守银行结算纪律，不准签发没有资金保证的票据或远期支票，套取银行信用；不准签发、取得和转让没有真实交易和债权债务的票据，套取银行和他人资金；不准无理由拒绝付款，任意占用他人资金。

③出纳人员每月核对银行账户，如有未达账目，编制银行存款余额调节表，使银行存款账面余额与银行对账单调节相符。如调节不符，应查明原因，及时报告会计或总经理处理。

④出纳人员应当每月定期或不定期地进行现金盘点，确保现金账面余额与实际库存相符。如发现不符，应查明原因，及时报告会计或总经理处理。

⑤超出限额现金要及时存入银行，确保资金安全。

⑥会计人员应当履行监督、审计职能，定期或不定期对出纳人员实施抽查、盘点。

（3）出纳的记账工作：现金日记账的日清工作。出纳人员应根据业务逐笔、顺序登记现金日记账，每天业务结束后，应编制库存现金日报表并核对相符。

（4）认真复核原始凭证，加强对现金收付的监督。根据现金管理制度的规定，不可设立“小金库”，不发生个人借支公款，不相互借用现金，不假借用途套取现金，不以个人名义存取公款。

（5）确保现金账实相符，不得以白条顶替库存现金。

（6）如果发现库存现金有盈余或短缺情况，应做如下处理：

①先记入过渡科目中等待处理。

②查明原因后，再根据情况分别处理。

③不得私下取走或补足。

六、出纳工作的职能

出纳工作是财会工作的一个重要组成部分，企业经营少不了现金等往来款项的收付，各种业务的往来都会涉及出纳人员，所以出纳人员必须熟知出纳的工作职能，这样才能更快、更好地做好本职工作。从总的方面来讲，其职能可概括为收付、反映、监督、管理四个方面。

（一）收付职能

收付职能是出纳工作的最基本职能。这里的收付是指企业经营活动中相关款项的收付，包括以下几个方面：

（1）货物价款的收付。

（2）往来款项的收付。

（3）各种有价证券的办理。

（4）金融业务往来的办理。

这些业务往来的现金、票据和金融证券的收付和办理，以及银行存款收付业务的办理，都必须经过出纳人员完成，不能由其他财务人员办理。

（二）反映职能

当企业的经济业务中的相关款项，经过出纳人员进行收付之后，通过其持有的现金与银行存款日记账、有价证券的各种明细分类账，对本单位的货币资金和有价证券进行详细的记录与核算，以便为经济管理和投资决策提供所需的完整、系统的经济信息。因此，反映职能是出纳工作的主要职能之一。

库存现金日记账与银行存款日记账是比较常见的出纳人员需要记录的账簿，当企业没有有价证券业务时，这两本账就几乎是出纳人员需要记的所有账了。

库存现金日记账和银行存款日记账中，对企业库存现金与银行存款的收入和使用情况进行详细的记录与核算，因而在企业经营管理和投资决策需要时，可以随时提供完整、系统的经济信息。

表 1-1 是有关有价证券的保管要求。

表 1-1 有关有价证券的保管要求

保管要求	具体说明
实行账证分管	账证分管就是指由会计管账、出纳管证，这样可以互相牵制、互相核对
按货币资金的管理要求进行管理	有价证券的变现能力很强，具有与现金相同的性质和价值。所以，企业持有的有价证券（包括记名的和不记名的）必须由出纳人员按照与货币资金相同的要求进行管理。有价证券除法人认购的股票外，一般是不记名的，所以在保管上难度较大。出纳人员有保管现金的经验，并具有保护其安全的客观条件，因此是保管企业有价证券的最佳人选。有价证券必须由出纳人员分类整齐地摆放在保险柜内保管，切忌由经办人自行保管，此外，还要随时或定期进行抽查与盘点。出纳人员对自己保管的各种有价证券的面额和号码应保守秘密

续表

保管要求	具体说明
专设出纳账进行详细核算	出纳人员对自己负责保管的各种有价证券，要专设出纳账进行详细核算，并由总账会计的总分类账进行控制。如设置"长期股权投资——股票投资""长期债权投资——债券投资"等长期投资明细账，在总账"长期股权投资"和"长期债权投资"的控制下，由出纳人员进行登记，并定期出具收、付、存报告单。出纳人员的有价证券明细账要按证券种类分设户头，所记金额应与总账会计相一致，当账面金额与证券面值不一致时，应在摘要栏内注明证券的批次、面值和张数。必要时，还可以设置辅助登记簿进行补充登记
非出纳人员使用有价证券	当业务人员提取有价证券时，出纳人员应要求其办理类似现金借据的正规手续，以此作为支付凭证。业务办理完毕后，业务人员应交还有价证券，并由出纳人员在借据上加盖注销章后退还出借人
建立有价证券购销明细表	为了及时掌握各种证券的到期时间，出纳人员可以通过编制"有价证券购销明细表"，详细标明各种有价证券的购入与到期时间；也可以通过同时按证券种类和批次设置明细账并在摘要栏注明到期日的办法，来提供有价证券的购销时间

（三）监督职能

在实际工作中，出纳人员在进行相关款项的收入与支付时，需要对经济业务的相关情况进行全过程的监督，一般来说，这种监督主要针对经济业务的以下三个方面进行：真实性、合法性、合理性。只有这三个方面同时满足要求时，出纳人员才能进行实际的款项收入与支付操作。

（四）管理职能

出纳人员是财务工作的最前端，管理职能是出纳重要的职能，主要体现在以下几个方面：

（1）对银行存款进行管理。

（2）对各种票据进行管理。

（3）对货币资金进行保管。

（4）对有价证券进行保管等。

出纳人员的管理职能，还表现在参与企业管理决策的方面，如：

（1）对企业资金的使用进行分析研究。

（2）为企业投资决策提供金融信息。

（3）企业的相关方案评估。

（4）企业的投资效益预测分析等。

【例 1-2】出纳最基本的职能是（　　）。

A. 反映职能　　B. 收付职能　　C. 监督职能　　D. 管理职能

七、出纳岗位与其他会计岗位的关系

从所分管的账簿来看，会计可分为总账会计、明细账会计和出纳。三者既相互区别又有联系，是分工与协作的关系。

（一）出纳与其他会计的区别

总账会计、明细账会计和出纳有着明确的分工。总账会计负责企业经济业务的总括核算，为企业经济管理和经营决策提供总括的、全面的核算资料；明细账会计分管企业的明细账，为企业经济管理和经营决策提供明细分类核算资料；出纳则分管企业票据、货币资金以及有价证券等的收付、保管、核算工作，为企业经济管理和经营决策提供各种金融信息。总体上讲，必须实行钱账分管，出纳人员不得兼管稽核和会计档案保管，不得负责收入、费用、债权债务等账目的登记工作。总账会计和明细账会计则不得管钱管物。

（二）出纳与其他会计的联系

出纳和明细账会计、总账会计之间，既相互联系又相互制约。他们核算的依据是相同的，都是会计原始凭证和会计记账凭证（这些作为记账凭据的会计凭证必须在出纳、明细账会计、总账会计之间按照一定的顺序传递）；他们相互利用对方的核算资料；他们共同完成会计任务，缺一不可；同时，他们之间又互相牵制与控制。出纳的现金和银行存款日记账与总账会计的现金和银行存款总分类账，总分类账与其所属的明细分类账，明细账中的有价证券账与出纳账中相应的有价证券账在金额上是等量关系。这样，出纳、明细账会计、总账会计三者之间就构成了相互牵制与控制的关系，三者之间必须相互核对保持一致。

任务二　出纳人员认知

一、出纳人员的权限

出纳是会计工作的重要环节，涉及现金收付、银行结算等活动，而这些又直接关系到员工个人、单位乃至国家的经济利益，一旦出现偏差，就有可能造成无法挽回的损失。因此，明确出纳人员的权限，是做好出纳工作的基本条件。

（1）参与货币资金计划定额管理的权力。出纳人员每天都与货币资金打交道，在开展工作中必须严格遵守《现金管理暂行条例》及实施细则和《支付结算办法》。出纳人员执行这些法规时，实际上就是在行使货币资金管理的职权。

企业的货币资金分为两部分，即银行存款和库存现金。

对于银行存款，国家的相关法律法规并没有额度的限制。而由于库存现金的特殊性，无论是其使用范围，还是其库存额度，都有严格的规定，所以企业对这方面十分重视。因而出纳岗位就有了一项专门的职责，即对货币资金的计划定额进行管理和监控，一旦接近限额就需要及时进行处理。下面是关于企事业单位的库存现金限额的定义及管理的程序。

①库存现金限额是指国家规定由开户银行给各单位核定一个保留现金的最高额度。开户单位由于经济业务发展需要增加或减少库存现金限额，应按必要手续向开户银行提出申请。

②库存现金限额的核定管理。为了保证现金的安全，规范现金的管理，同时又能保证开户单位现金的正常使用，《现金管理暂行条例》及其实施细则规定，库存现金限额由开户银行和开户单位根据具体情况商定，凡在银行开户的单位，银行根据实际需要核定 3～5 天的日常零星开支数额作为该单位的库存现金限额。边远地区和交通不便地区的开户单位，其库存现金限额的核定天数可以适当放宽在 5 天以上，但最多不得超过 15 天的日常零星开支的需要量。

库存现金限额每年核定一次，经核定的库存现金限额，开户单位必须严格遵守。

③各单位实行收支两条线，不准坐支现金。所谓坐支现金，是指企事业单位和机关、团体、部队从本单位的现金收入中直接用于现金支出。

④企业送存现金和提取现金，必须注明送存现金的来源和支取的用途，且不得私设“小金库”。

⑤出纳人员需要熟悉的相关条例：

a.《票据管理实施办法》。

b.《现金管理暂行条例》。

c.《支付结算办法》。

d.《正确填写票据和结算凭证的基本规定》。

【例 1-3】库存现金限额核定一般按（　　）的日常零星开支数额来核定。

A. 3 天　　B. 5 天　　C. 15 天　　D. 3～5 天

（2）管好用好货币资金的权力。出纳每天和货币资金打交道，单位的一切货币资金往来都与出纳工作紧密相联，货币资金的来龙去脉，周转速度的快慢，出纳人员都清清楚楚。因此，提出合理安排利用资金的意见和建议，及时提供货币资金使用与周转信息，是出纳人员义不容辞的责任。

（3）维护财经纪律，执行财会制度，抵制不合法的收支和弄虚作假行为。《会计法》是我国会计工作的根本大法，是会计人员必须遵循的重要法律。《会计法》中有多项条款对会计人员如何维护财经纪律提出了具体要求。

二、出纳人员应具备的素质与能力

做好出纳工作并不是一件容易的事，它要求出纳人员具备全面精通的政策水平，熟练高超的业务技能，严谨细致的工作作风，此外还应具有一定的安全意识，并严格遵守职业道德。

（一）政策水平

出纳工作涉及的“规矩”很多，如《会计法》及各种会计制度，现金管理制度及银行结算制度，《会计基础工作规范》，成本管理条例及费用报销额度，税收管理制度及发票管理办法，还有本单位的财务管理规定等。如果对这些财经法规、制度不熟悉、不掌握，是绝对做不好出纳工作的。所以，做好出纳工作的第一件大事就是学习、了解、掌握财经法规和制度，提高自己的政策水平。出纳人员只有全面、精通地掌握财经法规和制度，明白自己哪些事情该干，哪些事情不该干，哪些事情该抵制，工作起来就会得心应手。

出纳应熟记于心的八部法律法规如下。

1.《中华人民共和国会计法》

《中华人民共和国会计法》（简称《会计法》）对会计行为和会计资料的真实完整、加强经济管理和财务管理、提高经济效益和维护秩序等做出了规范。

2.《中华人民共和国税收征收管理法》

《中华人民共和国税收征收管理法》对于企业和个人的纳税义务履行做出了专项法律规定。

3.《中华人民共和国票据法》

《中华人民共和国票据法》对票据行为（包括汇票、本票和支票），保障票据活动中当事人的合法权益，维护社会经济秩序，促进社会主义市场经济的发展做出了规范。

4.《中华人民共和国现金管理暂行条例》

《中华人民共和国现金管理暂行条例》对改善现金管理，促进商品生产和流通，加强对社会经济活动的监督做出了具体规定。

5.《支付结算办法》

《支付结算办法》对单位、个人在社会经济活动中使用票据、信用卡和汇兑、托收承付、委托收款等结算方式进行货币给付及其资金清算的行为做出了规范。

6.《会计档案管理办法》

《会计档案管理办法》对加强会计档案管理，统一会计档案管理制度做出了具体规定。

7.《会计基础工作规范》

《会计基础工作规范》对加强会计基础工作，建立会计工作秩序，提高会计工作水平做出了规范。

8.《企业会计制度》

《企业会计制度》对企业的会计核算，真实、完整地提供会计信息做出了规范。

（二）业务技能

“台上一分钟，台下十年功”，这对出纳工作来说是十分适用的。出纳工作需要很强的操作技巧。用计算器、用计算机、填票据、点钞票等，都需要深厚的基本功。作为专职出纳人员，要具备较高的处理出纳事务的出纳专业知识水平和较强的数字运算能力。出纳的数字运算往往在结算过程中进行，要按计算结果当场开出票据或收付现金，速度要快，又不能出错。这和事后的账目计算有着很大的区别。账目计算错了可以按规定方法更改，但钱算错了就不一定说得清楚，不一定能“改”得过来了。所以说出纳人员要有很强的数字运算能力，不管是用计算机、算盘、计算器，还是其他运算器，都必须具备较快的速度和非常高的准确性。在快和准的关系上，作为出纳人员，要把准确放在第一位，要准中求快。提高出纳业务技术水平的关键在“手”上，打算盘、用计算机、开票据，都离不开手。而要提高手的功夫，关键又在勤，勤能生巧，巧自勤来。有了勤，就一定能达到出纳技术操作上的理想境界。另外，还要苦练汉字、阿拉伯数字，提高写作、概括能力，使人见其字如见其人，一张书写工整、填写齐全、摘要精练的票据能表现出一个出纳人员的工作能力。

（三）工作作风

要做好出纳工作首先要热爱出纳工作，要有严谨细致的工作作风和职业习惯，概括起来就是：精力集中，有条不紊，严谨细致，沉着冷静。精力集中就是工作起来要全身心地投入，不为外界所干扰；有条不紊就是计算器具摆放整齐，钱款票据存放有序，办公环境洁而不乱；严谨细致就是认真仔细，做到收支计算准确无误，手续完备，不发生工作差错；沉着冷静就是在复杂的环境中随机应变，化险为夷。

（四）安全意识

现金、有价证券、票据、各种印鉴，既要有内部的保管分工，各负其责，并相互牵制；也要有对外的保安措施，从办公用房的建造，门、屉、柜的锁具配置，到保险柜密码的管理，都要符合保安的要求。

（五）道德修养

出纳是一项特殊职业，每天接触的是大量的金钱。没有良好的职业道德，很难顺利通过“金钱关”。与其他会计人员相比较，出纳人员更应严格地遵守职业道德。

（1）敬业爱岗。出纳人员应当热爱本职工作，努力钻研业务，使知识和技能适应所从事工作的要求。

（2）熟悉法规。出纳人员应当熟悉财经法律、法规、规章和国家统一会计制度。

（3）依法办事。出纳人员应当按照会计法律、法规和国家统一会计制度规定的程序和要求进行会计工作，保证提供的会计信息合法、真实、准确、及时、完整。

（4）客观公正。出纳人员在办理会计事务中，应当实事求是，客观公正。

（5）搞好服务。出纳人员应当尽其所能，为改善单位的内部管理、提高经济效益服务。

（6）保守秘密。出纳人员应当保守本单位的商业秘密，除法律规定和单位领导同意外，不能私自向外界提供或泄露单位的会计信息。

除此之外，出纳人员还应特别注意如下两点：

（7）清正廉洁。

清正廉洁是出纳人员的立业之本，是出纳人员职业道德的首要方面。

（8）坚持原则。

出纳人员肩负着处理各种利益关系的重任，只有坚持原则，才能正确处理国家、集体与个人的利益关系。

三、出纳人员的回避制度

回避制度是指为了保证执法或者执业的公正性，对由于某种原因可能影响其公正执法或者执业的人员实行任职回避和业务回避的一种制度。回避制度已成为我国人事管理的一项重要制度。事实表明，在会计工作中由于亲情关系而串通作弊和违法违纪的，已不在少数，在会计人员中实行回避制度，其必要性已经十分明显。《会计基础工作规范》规定，国家机关、国有企业、事业单位任用会计人员应当实行回避制度。单位领导人的直系亲属不得担任本单位的会计机构负责人、会计主管人员。会计机构负责人、会计主管人员的直系亲属不得在本单位会计机构中担任出纳工作。至于其他单位是否实行会计人员回避制度，《会计基础工作规范》没有明确规定。但是，鉴于会计人员回避制度在防范上的积极作用，其他单位有必要对会计人员实行必要的回避或参照《会计基础工作规范》的有关规定执行。

知识拓展

需要回避的直系亲属关系主要有以下三种：

(1) 夫妻关系。夫妻关系是血亲关系和姻亲关系的基础，它是亲属关系中最核心、最重要的部分，属亲属回避的主要内容之一。

(2) 直系血亲关系。直系血亲关系是指具有直接血缘关系的亲属。法律上有两种情况：一种是出生于同一祖先，有自然联系的亲属，如祖父母、父母、子女等；另一种是本来没有自然的或直接的血缘关系，但法律上确定其地位与血亲相等，如养父母和养子女之间的关系。直系血亲关系是亲属关系中最为紧密的关系之一，也应当列入回避范围。

(3) 三代以内旁系血亲以及近姻亲关系。旁系血亲是指源于同一祖先的非直系的血亲。从自身往上或者往下数三代以内，除了直系血亲以外的血亲，就是三代以内旁系血亲，实际上就是自己的兄弟姐妹及其子女与父母的兄弟姐妹及其子女。所谓近姻亲，主要是指配偶的父母、兄弟姐妹，儿女的配偶及儿女配偶的父母。因为三代以内旁系血亲以及近姻亲关系在亲属中也是比较亲密的关系，所以也需要回避。

任务三　岗位技能

一、会计数字的书写技能

数字是会计核算中反映计算成果的记录，会计数字的书写技能是每一个出纳人员必须具备的基本技能。出纳工作中最常用的数字有两种：一种是阿拉伯数字，另一种是中文大写数字。我们通常将阿拉伯数字表示的金额称为“小写金额”，用中文大写数字表示的金额称为“大写金额”。在工作中，数字的书写要求正确、清楚、规范化。

（一）阿拉伯数字的书写规定

阿拉伯数字有0、1、2、3、4、5、6、7、8、9。

(1) 数字要清楚，书写笔画要流畅，不能连笔。

(2) 数字书写要从左至右、自上而下，数字间保留一定的间隙，而且距离相等；数字上下左右对齐，数字间不能留空格。

(3) 数字高度应占全格的1/3～1/2的位置。除“6、7、9”外，其他数字高低要一致。

(4) 账表凭证上书写阿拉伯数字时应使用斜体，斜度大约为60°。

(5) 在书写没有分位格的凭证时，要注意小数点“.”和分节号“,”的区别。

(6) 为了防止对小写金额的涂改和增添，在填写原始凭证时应在小写金额前加写人民币符号“¥”，例如¥73.84。

(7) 所有以元为单位的阿拉伯数字，除表示单价等情况外，一律填写到角分；无角分的，角位和分位可写“00”，或者符号“—”；有角无分的，分位应当写“0”，不得用符号“—”代替。

(8) 阿拉伯数字写错时应采用正确的方法进行更正，若填写凭证时金额写错或遗漏，不能涂改，要重新填；若过账错误应采用画线更正法进行更正。

(9) 小写金额的书写要采用“三位分节制”计数法。对于整数位在四位或四位以上的数，从个位起，向左每三位数字作为一节，用分节号“,”或空格隔开，如¥3,200.00或者人民币3 200.00；¥6 890 392.00或者¥6 890 392.00。

阿拉伯数字手写体字样如图1-1所示。

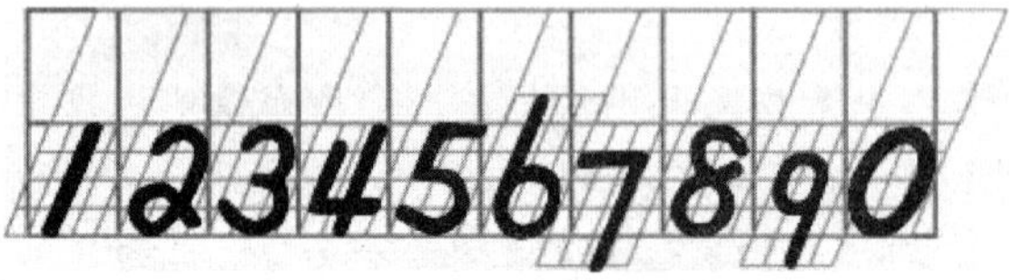

图1-1 阿拉伯数字手写体字样

(二) 中文大写金额数字的书写规定

中文大写金额数字主要用于填写收款收据、支付凭证、支票、汇票、存款单等重要凭证。因此，填写票据和结算凭证，必须做到标准化、规范化，各要素齐全、数字正确、字迹清晰、不错漏、不潦草、防止涂改，有利于避免混淆和经济损失。

(1) 中文大写金额数字是零、壹、贰、叁、肆、伍、陆、柒、捌、玖、拾、佰、仟、万、亿。不得用一、二、三、四、五、六、七、八、九、十、百、千填写，不得自造简化字。

(2) 中文大写金额到“元”为止的，在“元”之后，应写“整”(或“正”)字；到“角”为止的，在“角”之后应写“整”字。如¥36,789.00，应写作“人民币叁万陆仟柒佰捌拾玖元整”；如¥3,208.40，应写作“人民币叁仟贰佰零捌元肆角整”。大写金额数字有“分”的，“分”后面不写“整”字，如¥106.34，应写作“人民币壹佰零陆元叁角肆分”。

(3) 中文大写金额数字前应注明“人民币”字样，大写金额数字应紧接“人民币”字样填写，不得留有空白。大写金额数字前未印有“人民币”字样的，应加填“人民币”三字。

(4) 阿拉伯金额数字中间有“0”时，汉字大写金额要写“零”字，如¥8,073.06，大写金额应写成“人民币捌仟零柒拾叁元零陆分”；阿拉伯数字金额中间连续有几个“0”时，汉字大写金额中可以只写一个“零”字，如¥1,005.00，大写金额应写成“人民币壹仟零伍元整”；阿拉伯金额数字元位是“0”，或者数字中间连续有几个“0”、元位也是“0”但角位不是“0”时，汉字大写金额可以只写一个“零”字，也可以不写“零”字。如￥3,700.54，大写金额可写成“人民币叁仟柒佰元零伍角肆分”，或者写成“人民币叁仟柒佰元伍角肆分”。

（5）凡填写大写和小写金额的原始凭证，大写与小写的金额必须相符。

【例 1-4】小写金额为￥6,500.00。

错误写法：人民币：陆仟伍佰元整。

错误原因：“人民币”后面多一个冒号。

正确写法：人民币陆仟伍佰元整。

【例 1-5】小写金额为￥3,150.50。

错误写法：人民币叁仟壹佰伍拾元伍角整。

错误原因：漏写一个“零”字。

正确写法：人民币叁仟壹佰伍拾元零伍角整。

【例 1-6】小写金额￥150,001.00。

错误写法：人民币壹拾伍万元另壹元整。

错误原因：将“零”写成“另”，多出一个“元”字。

正确写法：人民币壹拾伍万零壹元整。

【例 1-7】在填制收据时，￥1,516.54 的大写金额为（　　）。

A. 人民币壹仟伍佰壹拾陆元伍角肆分

B. 人民币壹仟伍佰拾陆元伍角肆分整

C. 人民币壹仟伍佰壹拾陆元伍角肆分整

D. 人民币壹仟伍佰拾陆元伍角肆分

二、人民币真假的识别与处理

假币和残币是出纳在现金收支工作中经常会遇到的。作为一名素质良好、会保护自己和维护企业财产安全的出纳人员，对假币、残币的认识和处理是一项重要的工作内容。

假币和残币的处理对企业和出纳个人都是非常重要的，因为它与两者的经济利益直接相关。尤其出纳作为企业现金的出入端口，当收到假币、残币时，一般情况下将由出纳自行承担，所以出纳需要掌握人民币的真假识别与处理方法。

（一）人民币的常识

人民币是我国的法定货币，中国人民银行自 1948 年 12 月 1 日成立以来共发行了五套人民币，第四套人民币纸币（除 1 角、5 角外）与 1 角硬币于 2018 年 5 月 1 日起停止流通。所以本书主要介绍第五套人民币的真假识别。

改革开放以来，随着社会主义市场经济持续、健康、快速发展，社会对现金的需求量也日益增大。第四套人民币的设计、印制受困于当时的条件，本身存在一些不足之处，如防伪措施简单，不利于人民币反假；缺少机读性能，不利于钞票自动化处理等。凡此种种，都要求适时发行新版人民币。

第五套人民币继承了中国印制技术的传统经验，借鉴了国外钞票设计的先进技术，在原材料工艺方面做了改进，提高了纸张的综合质量和防伪性。固定水印立体感强、形象逼真。磁性微文字安全线、彩色纤维、无色荧光纤维等在纸张中有机运用，并且采用了计算机辅助设计手工雕刻、电子雕刻和晒版腐蚀相结合的综合制版技术，特别是在二线和三线防伪方面采用了国际通用的防伪措施，为专业人员和研究人员鉴别真伪提供了条件。与第四套人民币相比，第五套人民币的防伪技术由十几种增加到二十多种，主景人像、水印、面额数字均较以前放大，便于群众识别。第五套人民币应用了先进的科学技术，在防伪性能和适应货币处理现代化方面有了较大提高。

第五套人民币各面额正面均采用毛泽东同志新中国成立初期的头像，底衬采用了中国著名花卉图案，背面主景图案分别选用了人民大会堂、布达拉宫、桂林山水、长江三峡、泰山、杭州西湖。

（二）假币的种类和特征

1. 假币的种类

假币是指以非法手段、仿照真币的形象，采用印刷、复印、拓印、描绘以及挖补、剪切、拼凑等方式加工制作的票币。目前在流通中常见的假币主要有两种：一种是伪造币；另一种是变造币。

（1）伪造币。伪造币又称仿制币，是指用伪造、仿制的手段制作的假人民币纸币。因仿制的手段不同而各有其独自的特点，按不同的仿制手段分为如下几种。

①手绘假钞。手绘假钞就是画出来的假的人民币。这种人民币一般精度不高，只是看起来很像，其手感、声音等完全不能与真币相比。所以这类假币是最好辨识的，一般人都不会上当。

②蜡印假钞。蜡印假钞是手工刻制蜡纸版油印的假钞。这种假钞也是非常好辨认的，不但图形容易变形，还常有油浸现象，这类假钞出现的概率并不高。

③石印假钞。石印假钞是用石版和石印机印制的假钞。这种假钞的质量虽比前述两类假钞好一些，但印制效果仍较粗劣，所以仍是比较容易辨识的假钞。

④手刻凸版假钞。手刻凸版假钞是木质印版印制的假钞。这类假钞的质量也比较粗劣，印出的图纹往往有深有浅，套色也不准确，存在重叠、错位等现象，较易识别。

⑤拓印假钞。拓印假钞是用真币拓印成的假钞。其图案、花纹等和真币完全一样，无懈可击，但由于它只得到真币上的一部分油墨，因此墨色较浅，画面形态显得单薄清秀。而被拓印的真币，由于颜色已经变浅，也很容易识别出来。

⑥复印合成假钞。复印合成假钞是利用黑白复印机制作的假钞。这种假钞利用复印机将人民币的图案复印下来，然后再用彩色套印。这种假币的图案十分逼真，但是颜色一般很难达到真币的效果，其纸张等也无法和真币相同，可以通过相应的方法识别出来。

⑦机制假钞。机制假钞是利用特制的机器设备伪造的假钞。这类假钞仿造的效果逼真，一次印制的数量也较多，易于扩散，所以出现概率也比较大。由于其造假技术较高，所以识别起来有一定的难度。但假币就是假币，不可能使用人民币的全部防伪技术，总是存在种种漏洞和伪造的痕迹，通过一定的方法仍能予以鉴别。

⑧彩色复印假钞。彩色复印假钞是利用彩色复印设备伪造的假钞。比较高级的彩色

复印设备，容易在图纹、图景方面做到逼真，但是纸张、凹凸感上一定无法与真币相比，在复印过程中，一些精细的部分还可能模糊。所以这种假币虽然看起来可以乱真，但是用手一摸就可以辨别出来，还可以用放大镜看出区别。

⑨剪贴假钞。剪贴假钞是剪贴真币图片制成的假钞。这是将一些印刷的人民币图片剪贴成假币，其纸张与真币的差别很大，很容易识别出来。

注意：我们一般在报纸杂志上看到人民币的图片时，都会在票面上看到“样票”的字样，这就是为防止剪贴假币的出现而设置的。

（2）变造币。变造币是指在真币基础上或以真币为材料，通过挖补、剪贴、涂改、揭层等办法加工处理，使原币改变数量、形态，从而达到牟利目的的假币。变造币按照其对真币的加工处理方法不同，又可分为以下几种情形。

①涂改假币。涂改假币是将真币票面金额使用一定的方法加以涂改，使其面额增大的假币。不过人民币尤其是现在我们使用的人民币，每种面额的颜色都不相同，相近面额的钞票其颜色更是对比明显，所以这种变造假币实际上很容易识别。

②剪贴假币。剪贴假币是将真币剪贴拼凑而成的，如将 5 张真币拼成 6 张假币，或 8 张真币拼成 10 张假币，也有的是将票面金额部分进行挖补，使其面额增值。这种变造币，在拼凑和挖补时，其图案、花纹、线条不能完全对接准确，或者对接的花纹、线条根本就不同，所以只要留心，就可以发现问题。

③剥离假币。剥离假币是将人民币正、反面分开，使一张人民币变成两张人民币。方法是将真币用小刀仔细分离为正、反面两张，然后分别用不透明的纸张在空白一面粘贴。这种假币如经透光观察，只能看见单面花纹图案，且剥离面粘贴的不透明纸张表面一般较为粗糙。这种假币在蒙混过关时，一般都以折叠形式，把真币面露在外面，而把不透明粘贴有纸张的一面藏在里面，如果收款人不加注意，极易被欺骗；或者将假币夹杂在大捆钞票中间，因此在清点大批量钞票时，最好使用有验钞功能的点钞机，并且上下两面都要点数。

【例 1-8】变造的货币是指在真币的基础上，利用挖补、揭层、涂改、拼凑、移位、重印等多种方法制作，改变真币原形态的假币。（　　）

2. 假币的特征

（1）假币的水印大部分是在纸张夹层中涂布白色浆料，图像模糊，水印缺乏立体感和层次感，而且在水印所在的位置，纸张明显偏厚。

（2）手摸没有凹凸感，光变油墨面额数字不变色或颜色淡。

（3）图绘图案颜色套不准，常常有断条、重复、留白的情况。

（4）假币的安全线是在钞票表面用油墨印刷一个线条，但是通过仪器可检测无磁性特征；或者是在纸张夹层中放置安全线，纸与纸有分离感，且极易抽出。

（5）在紫光灯下有的假币并没有汉语拼音和阿拉伯数字字样，有的虽能看出，但色彩偏白、偏淡。

（三）假币的识别方法

1. 黑水印

第五套人民币 50 元、100 元为毛泽东头像固定水印；1 元、5 元、10 元、20 元为花卉固定水印。

2. 白水印

第五套人民币 1999 版 5 元、10 元；2005 版 100 元、50 元、20 元、10 元、5 元位于正面横号码下方，迎光透视，可以看到透光性很强的面额水印字样。

3. 安全线

第五套人民币 1999 版 100 元、50 元为磁性微文字安全线；20 元为明暗相间的磁性安全线。2005 版 100 元、50 元、20 元、10 元、5 元为全息磁性开窗安全线。1999 版 10 元、5 元为全息磁性开窗安全线。

2015 版 100 元纸币设计有两条安全线：①光变镂空开窗安全线。线宽 4 毫米，其光变性能对光源要求不高，颜色变化明显，并集成镂空文字特征，更加有利于公众识别。②磁性全埋安全线。采用了特殊磁性材料和先进技术，机读性能更好。另外，光变镂空开窗安全线和磁性全埋安全线分别位于票面两边，有利于防止变造币的出现。

4. 手工雕刻头像

第五套人民币纸币正面主景毛泽东头像均采用手工雕刻凹版印刷工艺，形象栩栩如生，凹凸感强。

5. 隐形数字

第五套人民币纸币正面右上方有一装饰图案，1999 版纸币观察方法为将票面置于与眼睛接近平行的位置，面对光源做平面旋转 45°或 90°角，可看到面额数字字样。2005 版纸币观察方法是将票面置于与眼睛接近平行的位置，面对光源做上下倾斜晃动，可以看到隐形面额数字部分出现纸币面额的阿拉伯数字字样（2015 版 100 元纸币取消此项防伪特征）。

6. 光变数字

第五套人民币 100 元纸币正面左下方面额数字采用光变油墨印刷，当与票面垂直观察时为绿色，倾斜一定角度则变为蓝色；50 元纸币的面额数字由金色变为绿色。2015 版 100 元纸币正面面额为光彩光变数字。垂直观察票面，数字“100”以金色为主；平视观察，数字“100”以绿色为主。随着观察角度的改变，数字“100”颜色在金色和绿色之间交替变化，并可见到一条光带在数字上下滚动。

7. 阴阳图案

第五套人民币 2005 版 100 元、50 元、20 元、10 元纸币和 1999 版 100 元、50 元、10 元正面左下角和背面右下方各有一圆形局部图案，透光观察，正背图案组成一个完整的古钱币图案。

8. 凹版印刷

第五套人民币纸币中国人民银行行名、面额数字、盲文面额标记、凹印手感线等均采用雕刻凹版印刷，用手指触摸有明显凹凸感。

9. 冠字号码

第五套人民币纸币各面值冠字号码均采用两位冠字，八位号码。第五套人民币 1999 版 100 元、50 元纸币均为横竖双号码，横号均为黑色，竖号分别为蓝色和红色；20 元、10 元、5 元为双色横号码（左半部分为红色，右半部分为黑色）。第五套人民币 2005 版 100 元、50 元纸币调整为双色异形横号码（左侧为暗红色，右侧为黑色），其字符由中间向两边逐渐变小。

10. 编码荧光油墨印刷

第五套人民币纸币 1999 版冠字号码部分采用无色荧光油墨印刷，在特定波长的紫外光下可以看到荧光冠字号码。

11. 胶印缩微文字

第五套人民币纸币安全线多处印有胶印缩微文字“RMB100”“RMB50”等字样。

12. 专用纸张

第五套人民币纸币采用特种原材料、由专用抄造设备抄制的印钞专用纸张印制，在紫外光下无荧光反应。

13. 荧光变色纤维

第五套人民币纸币在特定波长的紫外光下可以看到纸张中随机分布有黄色和蓝色荧光纤维。

14. 荧光面额

第五套人民币纸币在正面行名下方胶印底纹处，在特定波长的紫外光下可以看到面额字样，该图案采用无色荧光油墨印刷，可供机读。

（四）发现假币的处理

《中华人民共和国中国人民银行法》规定，禁止运输、持有、使用伪造、变造的人民币。购买伪造、变造的人民币或者明知是伪造、变造的人民币而持有、使用，构成犯罪的，依法追究刑事责任；情节轻微的，由公安机关处 15 日以下拘留、5000 元以下罚款。《中华人民共和国人民币管理条例》规定，单位和个人持有伪造、变造的人民币的，应及时上缴中国人民银行、公安机关或办理人民币存取款业务的金融机构，发现他人持有伪造、变造人民币的，应当立即向公安机关报告。

三、残缺人民币的处理

目前的货币原料大多为纸质，在长期使用中，有的纸质松软，有的票面脏污，有的磨损或残缺。这就是残缺人民币，也称为残币。

作为出纳，在收付现金时，难免会遇到残缺人民币，所以应当了解人民币的使用规定及兑换标准。在实际的收款工作过程中，一些残缺不严重的人民币是可以到银行进行兑换的，所以可以先收下来，再到银行进行兑换。根据中国人民银行公布的《残缺人民币兑换办法》和《残缺人民币兑换办法内部掌握说明》，残缺人民币可以向当地银行办理兑换。凡办理人民币存取款业务的金融机构应无偿为公众兑换残缺、污损人民币，不得拒绝兑换。残缺人民币兑换办法的规定如下：

1. 全额兑换标准

全额兑换是指虽然人民币有部分残缺，但是银行仍然认为该人民币具有原面额的价值，并可以按原票面金额，兑换成完整的等额人民币。

这种残损币属于那种只缺少一小部分的情况。人民银行对此类残损币有着严格的鉴定要求，只有满足下列情况之一者，才可兑换全额：

(1) 能辨别面额，票面剩余四分之三（含四分之三）以上，其图案、文字能按原样连接的残缺、污损人民币，金融机构应向持有人按原面额全额兑换。

（2）票面污损、熏焦、水湿、油浸、变色，但能辨别真假。

2. 半额兑换标准

能辨别面额、票面剩余二分之一（含二分之一）至四分之三以下，其图案、文字能按原样连接的残缺、污损人民币，可按原面额的一半兑换。

3. 不予兑换的情况

属于下列情况之一者不予兑换：

（1）票面残缺二分之一以上。

（2）票面污损、熏焦、水湿、油浸、变色，不能辨别真假。

（3）故意挖补、涂改、剪贴、拼凑，揭去一面。

四、点钞

现金收付业务是出纳最重要的业务，也是出纳人员独有的工作内容，所以点钞这项工作所需要的专业技能对出纳人员来说格外重要。货币在流通过程中会受到不同程度的折损，因而在清点时还要进行挑剔和辨别真假，使之整齐，数目清楚。点钞可以分为手工点钞和机器点钞。手工点钞有多种方法，根据持钞的姿势可分为手持式点钞法、手按式点钞法、扇面式点钞法和扳点式点钞法，本书重点介绍手持式单指单张点钞法与硬币的整点方法。

（一）点钞的基本程序

（1）点数。手中点钞，眼睛紧盯捻动的钞票，同时用大脑计数。

（2）扎把。把清点清楚的100张钞票墩齐，用扎条扎紧，不足百张的在扎条上写出实点数和金额。

（3）盖章。每点完一把钞票，在扎条上加盖点钞人员的人名章，以明确责任。

（二）点钞的基本原则

点钞在实际工作中，应当遵循以下基本原则：

1. 点准

票币整点的数量必须准确无误，这是点钞工作的核心，而且由于现钞涉及直接的物质利益，因此整点时必须当面点清，双方确认。

2. 算对

票币的金额应当计算正确，收款依据（如合同、发票）的金额应当合计准确，两者必须一致。

3. 挑净

出纳人员在挑选整理票币的过程中，必须以严格的标准将损伤券、变造和伪造币挑选干净，防止鱼目混珠，对于辨认不清或存在疑问的票币，必须当场声明并做出相应的处理。

4. 码齐

票币在挑选整理和清点无误后，都应码齐整好，便于存放。

（三）手工点钞的方法

手工点钞的方法是单位财会出纳最主要的票币整点方法，其种类很多，下面简单介绍手持式单指单张、手持式单指多张、手持式多指多张、扇面式 4 种常用的点钞方法。

1. 手持式单指单张点钞法

用一个手指一次点一张的方法叫单指单张点钞法。该方法是点钞中最基本、最常用的一种方法，使用范围较广，频率较高，适用于收款、付款和整点各种新旧大小钞票。该点钞方法由于持票面小，能看到票面的四分之三，容易发现假钞及残破票，缺点是点一张计一个数，比较费力。

【例 1-9】下列各选项中，属于单指单张点钞法的优点是（　　）。

A. 可看到钞票的大部分，易于识别假币

B. 不易挑出残票

C. 一次计一个数，比较费力

D. 点钞速度很快

2. 手持式单指多张点钞法

点钞时，一指同时点两张或两张以上的方法叫单指多张点钞法。它适用于收款、付款各种券别的整点工作。点钞时计数简单省力，效率高，但也有缺点，就是在一指捻几张时，由于不能看到中间几张的全部票面，所以假钞和残破票不易发现。

3. 手持式多指多张点钞法

点钞时用小指、无名指、中指、食指依次捻下一张钞票，一次清点四张钞票的方法叫多指多张点钞法，也叫四指四张点钞法。该点钞法适用于收款、付款和整点工作，不仅省力、省脑，而且效率高，能够逐张识别假钞票和挑剔残破钞票。

4. 扇面式点钞法

把钞票捻成扇面状进行清点的方法叫扇面式点钞法。该点钞方法速度快，是手工点钞中效率最高的一种。但它只适合清点新票币，不适于清点新、旧、破混合钞票。

5. 硬币的整点方法

出纳人员在实际工作中，难免会收到硬币。整点硬币有两种方法：一种是手工整点；另一种是工具整点。由于在出纳现金收付工作中硬币使用较少，所以多采用手工整点方法。手工整点硬币包括拆卷、清点、计数、包装和盖章五个环节。手工整点硬币一般常用在收款、收点硬币尾零款，以 100 枚为一卷，一次可清点 5 枚、12 枚、14 枚或 16 枚，最多的可一次清点 18 枚，主要依个人技术熟练程度而定。

五、出纳常用工具

出纳人员在工作中除了具备基本的计算机操作技能，还要熟练掌握出纳专用工具，以提高工作效率。

（一）点钞机

随着金融事业的不断发展，出纳人员的收付业务量也日益增加，出现了机器点钞就是使用点钞机整点钞以代替手工整点，每小时可点 5 万张左右，提高了工作效率，减轻了出纳人员的劳动强度。

1. 点钞机使用前的准备工作

（1）检查设备。点钞机一般放在操作人员的正前方，离胸前约30cm，以便看清数字和机器运转情况。然后进行使用前的调试和试验，检查捻钞轮、传送带、接钞台运行是否正常；力求转速均匀、点钞准确、下钞流畅、落钞整齐。

（2）接通电源，按要求设置。接通电源，使计数显示为“0”。调整好点钞机后，拿一把钞票试运行，看看机器转速是否均匀，下钞是否流畅、均匀，点钞是否准确，落钞是否整齐。如清点的同时要鉴别真伪，则要选择紫外光鉴伪功能，若发现假钞，机器会自动停机报警。

（3）放置好钞票和工具。机器点钞是连续作业，且速度相当快，因此清点的钞票和操作的用具摆放位置必须固定，这样才能做到忙而不乱。一般准备要点的钞票放在点钞机的右侧，按大小票面顺序排列，或从大到小，或从小到大，切不可大小夹杂排列，点完后的钞票放在点钞机的左侧，扎条纸应横放在点钞机的前面，其他各种用具的放置要适当、顺手。

2. 点钞机的操作程序

（1）打开开关。打开点钞机的电源开关和计数器开关。

（2）拆把。右手横执钞券，拇指在正前，其余四指在背面，捏住钞券，并稍用力使钞票形成瓦形，用食指勾断扎条或用左手将扎条取出。

（3）清点。右手横握钞票，同时右手拇指在前，四指在后捏住钞券上侧，轻捻使钞券形成微扇面，即可将钞券放入下钞斗，这时不要用力，如果放钞方法不正确会影响点钞机的正常清点。钞票进入点钞机后，点钞人员的目光要迅速跟住输钞带，检查是否有夹杂券、破损券、假钞或其他异物。看清计数器显示的数字并与应点金额相符后，以左手拇指、中指将钞票取出。紧跟着左手取出钞票的同时，右手立即把第二把钞票下钞。目前的点钞机一般都带有防伪功能，如果点钞时发现伪钞，应立即取出伪钞后，复位继续清点。

（4）计数。当下钞斗和传送带上的钞券下钞完毕时，要查看数码显示是否为“100”。如数字不为“100”，必须重新复点。在复点前应先将数码显示器设置为“00”状态，并保管好原扎条。如经复点仍是原数，又无其他不正常因素，则说明该把钞券张数有误，即应将钞券用新的扎条扎好，并写上张数。

（5）扎把。一把点完，计数显示为100张，即可扎把。左手取出钞票的同时，右手把第二把钞票下钞，随后，双手将第一把钞票墩齐进行扎把，扎好把的钞票一般放置点钞机左侧。

（6）盖章。钞票全部经清点、复点、扎把完毕，点钞人员要在扎条的侧面盖上人名章，盖章要整齐、清晰。

（二）计算器

计算器是简单的电子工具，可以进行简单的数字运算。计算器拥有集成电路芯片，但结构比计算机简单得多，且功能也较弱，但较为方便与廉价，是必备的办公用品之一。出纳人员在日常工作中需大量用到计算器，掌握计算器的使用方法，可以提高工作效率。在工作中，出纳人员常用的是标准计算器（图 1-2），满足日常的加减乘除运算。

（三）保险柜

为了保护单位财产安全和完整，各单位应配备专用保险柜。保险柜根据其功能主要分为防火保险柜、防盗保险柜和防磁保险柜等。保险柜的外形如图 1-3 所示。

图 1-2　标准计算器

图 1-3　保险柜的外形

由于保险柜内保存的财物都比较贵重，所以在保险柜的使用过程中，需要注意以下问题：

1. 专人管理

保险柜买回来之后，应安装在财务室的专用位置上。一般应安放在离出纳人员较近的地方，专人使用。

2. 专人保存钥匙

每个保险柜都要配备两把钥匙，这两把钥匙分别由两人保存：一把由出纳人员保管，供出纳人员日常工作开启使用；另一把封存起来，交企业保卫部门或企业财务负责人保管。

这两把钥匙，日常使用的只有一把，即出纳人员手中的那一把，另外一把贴上封条保管起来，只在特殊情况下，经有关领导批准后才能使用。

这样的钥匙配备制度，有两个好处：一方面可以有备无患，当出纳人员的钥匙出现意外、不能使用时，保险柜不至于打不开；另一方面平时封存，又设有严苛的启用条件和手续，也是为了保证日常使用时，只有出纳人员才能打开保险柜，保证了相关责任的认定。

注意：出纳人员不能将保险柜钥匙交由他人代为保管，如果保险柜内的财务出现被盗等损失，那么出纳人员很可能由于将钥匙交由他人保管，而被认定为负主要责任。

3. 专人开启

保险柜的开启必须由专人负责。保险柜的使用者是出纳人员，其开启也应由出纳来负责，不是出纳人员本人是不得开启保险柜的，就算出纳人员在场也不能由他人开启保险柜。保险柜内的财物，出纳人员需要负起保管责任来。

当清查小组需要对出纳人员的工作进行抽查时，可以按企业的内部规定，经上级领导批准后，指定专人在出纳人员在场的情况下，开启保险柜。

4. 专人存取财物

每日工作结束后，出纳人员都应将需要放进保险柜的财物整理好，放进去，然后锁起门。由出纳保管的、需要存入保险柜的财物包括：

（1）未使用的空白支票（包括现金支票和转账支票）。

（2）银钱收据。

（3）存折。

（4）有价证券。

（5）印章等。

保险柜内存放的现金应设置和登记现金日记账，其他有价证券、存折、票据等应按种类造册登记，贵重物品应按种类设置备查簿登记其质量、金额等，所有财物应与账簿记录核对相符。

注意：按规定，保险柜内不得存放私人财物。

5. 设置专用密码

保险柜应当设置安全性较高的密码；出纳人员应将自己保管使用的保险柜密码严格保密，不得向他人泄露，以防为他人利用。保险柜的密码应当定期修改、经常更换。若出纳人员发生岗位变动、离职等情况，新出纳人员接手后，应立即更换和使用新的密码。

六、发票真假识别

每个企业在进行购销后都会有开具或收取发票的行为，主要是因为发票可以用作记账报税的凭证，用于减少企业的各项税赋，也因为这样，市面上有许多虚假发票，这些发票无法被正常录入税控系统。虚假发票行为屡禁不止，已经成为社会公害，它不仅造成国家税款大量流失，还可能造成涉票企业面临补税、罚款、缴纳滞纳金等财产损失，主要负责人甚至需要承担刑事责任。因此，纳税人应当重视虚假发票的危害及后果，做好事前工作，防患于未然。

（一）假发票的种类

假发票的表现形式一般分为三类，即普通假发票、虚开发票行为（真票假开）、套用发票。

（1）普通假发票：即指私印、伪造发票。

（2）虚开发票行为：即指发票为真、内容为假的发票，包含大头小尾（发票联数额大，而存根联数额小的发票）、变通发票（栏目混淆）、超金额发票、涂抹修改、无中生有等。

（3）套用发票：即指套用发票自填自报。

（二）发票的防伪

（1）先看发票的纸张

①新版普通发票都采用有防伪水印的纸张印制，把发票放到阳光下，能够清晰地看

到水印图案。

②纸张温变防伪。发票记账联、发票联纸张在正常情况下为白色，在 130℃左右温度下，纸张背面加热部位呈现粉红色，颜色不可逆。可以使用日常生活中的简易加热器（如吹风筒、直发器、点烟器、电熨斗等）靠近发票记账联、发票联纸张的背面加热部位检验。

③纸张划线防伪。将发票记账联、发票联纸张放在硬的平面上，用手指甲、竹签或其他光滑硬物在纸张的背面用力快速划过，纸面显现淡蓝色的线条防伪特征。

（2）检查是否加盖卖家的发票专用章，没有盖章是无效的发票。

（3）检查票面基本信息是否正确。付款单位名称、税号是否正确；机打发票代码、发票号码是否与收款单位及税号、发票专用章一致；大写金额与小写金额是否一致；发票相应信息填开的位置与发票本身印刷的位置差异是否较小等。

（4）根据《国家税务总局关于调整增值税普通发票防伪措施有关事项的公告》（国家税务总局公告 2016 年第 68 号）文件，决定调整增值税普通发票防伪措施，自 2016 年第四季度起印制的增值税普通发票采用新的防伪措施。

增值税普通发票各联次左上方的发票代码及右上方的字符（№）使用灰变红防伪油墨印制，油墨印记在外力摩擦作用下可以发生颜色变化，产生红色擦痕。使用白纸摩擦票面的发票代码和字符（№）区域，在白纸表面以及发票代码和字符（№）的摩擦区域均会产生红色擦痕。

任务四　出纳安全常识

一、印章的使用与管理

（一）印章认知

公司自成立之日起，公司印章就在公司各项经营活动中发挥了具大作用。印章在使用中代表公司、部门或者法人的意志，具有特定的法律效力。因此，印章的不当使用会给公司带来潜在风险和损失。清楚地了解印章的种类和不同作用，是出纳人员应该具备的基本常识。

公司印章常用的主要有 5 枚，分别是公章、财务专用章、合同章、发票章、法人代表人名章。

（1）公章：公司效力最大的一枚章，是法人权利的象征。除法律有特殊规定（如发票的盖章），均可以公章代表法人意志，对外签订合同及其他法律文件。

使用范围：凡是以公司名义发出的信函、公文、合同、介绍信、证明或其他公司材料均可使用公章。

保管者：一般来说，公章的掌管者应该是公司创业者或指定部门，如总经理或总经办。

（2）财务专用章：通常与银行打交道的时候会用到，如银行的各种凭据、汇款单、支票的用印。另外，财务专用章也会用于财务往来的结算等。

保管者：一般由企业的财务人员管理，可以是财务主管或会计等。

（3）合同章：单位对外签订合同时使用，可以在签约的范围内代表单位，在合同上加盖合同章，单位需承受由此导致的权利义务。

一般来说，创业初期可以直接用公章盖合同，减少一枚印章可以减少风险（如遗失、公章私用等）。

保管者：可以是公司法务人员、合作律师或行政部门等。

（4）发票章：企业、单位和个体工商户在购买和开发票时，需要加盖发票章。印章印模里含有其公司单位名称、发票专用章字样、税务登记号。

根据《发票管理办法实施细则》的规定，通常需要在发票联和抵扣联加盖发票专用章。

注：盖在发票上或盖在发票领用簿上才有效。

保管者：一般由财务部门的发票管理员保管。

（5）法人代表人名章：法人代表人名章主要用于公司有关决议，以及银行有关票据办理的时候用。

保管者：一般由公司财务部门出纳人员管理。

（二）公司的印章管理制度

公司各种印章的权限不一，所有文件加盖印章都必须得到重视，所以说公司印章的保管工作必须引起重视。

公司印章的保管，应实行印章专人保管、负责人印章与财务专用章分管的制度，并严格执行保管人交接制度。一般来说，公司印章的保管具体可以采用以下措施。

1. 印章管理者：明确印章管理者岗位的法律风险防控意识及责任

公司可以要求印章保管或管理者签订“法律风险岗位承诺书”，明确保管者的法律风险防控意识及职责，同时也要加强对他们印章管理工作的法律防范教育，使其充分认识到印章的重要性，加强印章管理的技能和法律风险防范意识。

在加强管理者岗位意识的同时，也要建立规范的印章管理规定，如明确印章管理者的管理职责，规范印章使用的业务流程，以及定期检查印章使用情况等，使印章管理工作做到有规可依，有章可循。

2. 印章使用：建立并使用统一的印章使用审批制度和使用登记表

公司应建立并使用统一的印章使用审批制度和使用登记表，使用者要遵守公司的印章使用规定。一般来说，经企业领导批准后，印章使用者应填写统一的用印登记表，企业文书人员对用印文件要认真审查，审核与申请用印内容、用印次数是否一致，然后才能在相关文件上用印。

需要注意的是，财务室保管的印章分三种：财务专用章、法人代表人名章和会计人员人名章。财务专用章用于办理银行款项支付、出具有关票据等业务；法人代表人名章用于办理银行款项支付时预留银行印鉴；会计人员人名章用于办理财务部门有关会计凭证等会计业务，对外提供会计报表。

财务印章应指派专人分开管理。财务部门主管或会计保管财务专用章，法人代表人名章由出纳保管。财务印章不论在任何情况下都不准外借；使用印章时，要确保由印章保管人员亲自用印，不能让他人代为用印，同时不能让印章离开印章保管人员的视线，保管人员不得擅自将自己保管的印章交他人使用、保管，特殊情况必须经财务部门负责人同意；财务印章必须安全存放，做到“人走章走，随用随锁”；财务用印章或法人代表人名章必须放入保险柜保管；财务印章应严格按照规定的业务范围和批准程序使用，不得乱用、错用。印章保管人员应负起监印责任，在监印中应严格审查，注意内容，防止漏洞。

3. 严格控制或禁止在空白文件上盖印章

印章使用过程中，印章管理者一定要确保使用者不能在空白文件如空白纸张、空白单据、空白介绍信等上面加盖公司印章，如遇特殊情况，必须经过公司核心管理者的同意。加盖印章的空白文件无用后，持有者也要将该空白文件退回印章管理部门（如行政部、办公室），请其妥善处理，从而确保用章安全。

4. 对变更或撤销的部门或公司及时处理相关印章

企业所属部门发生变更或被撤销后，印章统一管理部门必须收缴部门印章及用印记录；所属分公司注销后，在工商注销手续完成后，必须收缴分公司包括行政印章、合同章、财务专用章、负责人名章等在内的全部印章及用印记录；项目部解散后，项目部印章及用印记录必须全部上缴企业印章管理部门。企业印章管理部门会同法律部门将收缴的印章统一销毁，用印记录由印章管理部门按档案管理规定存档。

5. 印章遗失

印章遗失必须在第一时间向公安机关报案，并取得报案证明，同时在当地或项目所在地报纸上刊登遗失声明。之后，在进行补刻时，要拿上公安机关的报案回执、登报声明、补刻印章申请书等材料到当地公安机关进行备案，然后到指定印章公司进行刻章。

二、保密意识

出纳是企业资产的重要出入关口，对企业资产的内外流动具有非常重要的意义。企业资产的异常流失，通常都与出纳有关，出纳人员的一点点工作失误，给企业造成的损失就可能非常大。因此，每一个出纳人员都应当具有非常高的安全意识。

安全意识出自对安全的认识，只有对出纳工作的安全问题了解通透了，才可能在工作中时时谨慎小心，更加关注安全问题。

（一）资金的动向要保密

出纳人员掌握着公司的资金动向，从资金的动向可以看出一个公司的许多问题；出纳人员知道企业账户的余额，通过一个企业账户的余额可以看出这个企业的资金链是否能持续运行；资金的动向包括资金的流入与流出，以及流向哪里，从哪里流入等情况。资金动向可以清楚地展示企业经营活动的脉络，以及企业近期的计划等。因此，资金的动向可以算作商业机密，不能对外泄露。

（二）员工工资和福利费要保密

员工工资和福利费的保密主要是指企业内部员工之间的保密，企业对外公布的数据中，员工工资和福利费的总数一般来说不是什么秘密，但是员工个人所得的具体数额便是很有必要保密的信息了。

三、安全永第一

出纳人员掌管着企业的大部分现金，一定要有安全意识，在遇到人身危险时一定要记得先保命，再保钱；同时作为出纳人员也要注意公司内部的财务安全，防止内部人员监守自盗，保护企业的利益。

先保命，再保钱，是指出纳人员应当首先确定自身的安全，然后在此基础上尽量保证企业财物的安全。出纳人员保管着所在单位的大量资金，对于不法之徒来说，是很好的作案目标。虽然发生不幸的概率很小，但既然从事出纳工作，就要有充分的心理准备。由于我们很难从表面上看出谁是坏人，所以时刻保持安全防范意识真的非常重要。

（一）出纳人员的人身安全

出纳人员的人身安全是指出纳自己的个体安全，包括生命安全和财产安全等。

1. 危及人身安全的主要类型

人身伤害根据造成损害的原因，分为四种类型：自然灾害造成的人身伤害；意外事故造成的人身伤害；人为因素造成的人身伤害；不法侵害造成的人身伤害。

2. 危及财产安全的主要类型

我国民法依据财产权产生的根据，将财产权分解为物权、债权、知识产权和继承权。个人财产的保护途径一是他力保护，二是自力保护。他力保护就是利用法律、法规和规章，依靠国家行政、司法机关、高校保卫职能部门和其他行政组织的保护。自力保护或称自我保护，是凭借自己对财产安全的防范意识和基本常识，依靠自己的力量，对财产的不法侵害进行事前的预防和适时的防卫及事后的保护。事前预防主要体现在防盗、防抢劫、防诈骗、防意外事故等；适时防卫主要体现在阻止侵害、正当防卫、紧急避险；事后保护主要体现在惩治伤害，挽回损失。根据造成财产损失的原因，危及财产安全的不法侵害主要分为盗窃、抢劫、抢夺、诈骗等类型。

3. 人身和财产安全保护的一般知识

（1）要有防护的意识，保持良好的防护习惯。

（2）留心观察身边的人和事，及时规避可能针对自己的侵害。

（3）发生案件、发现危险要快速、准确、实事求是地报警求助。

（4）用法律维护自己的人身财产安全，特别是面对暴力犯罪，要坚决制止不法侵害。

（5）主动积极地维护公司及周边治安秩序，创造和谐有序的环境。

（二）企业的财物安全

企业的财物安全包括企业以下财产的安全：

（1）企业的钱，如现金、银行存款等。

（2）企业的贵重物品，如有价证券、贵重材料、房产证等。

（三）钱款出入要仔细

出纳人员手中出入的不是财务数据，而是实打实的钱，一旦错了，是没法用红线画掉重新来的，所以在处理事务时更需要仔细：

（1）每一笔钱只要有一点不确定，都要重新数过才行。

（2）收钱时仔细核对，签字确认。

（3）付款要严格执行审批制度，不合规定时坚决不付。

（4）支票、汇票要管好，绝不在票证上提前盖好印章等。

作为一名出纳人员，每天与钱打交道，必须坚持原则。遇到来预借现金的同事，就算关系再好、再亲近，也一定要有经过领导审批的借款单；就算是上级和领导，也要走正规手续。事关钱物，小心无大事，就算当时受一些埋怨，不出事就是最好的。

就算财务部门再安全，也要随手把保险柜锁好。随时锁好保险柜，锁好抽屉和房门，是一名出纳人员最基本的工作习惯。

在实际工作中，出纳人员在收付款时要实行唱收唱付。所谓唱收唱付，是指出纳人员收钱和付钱时都要当场读出收到的金额等。例如收款时，先问交款人是多少钱，然后重复一遍，再开始数钱；收取费用时，应当场说出“收您 100 元，应找回 25 元，请拿好”这样的话；付款时，要当场读出付出的金额，并提醒收款人注意核对金额。

唱收唱付是商业企业多年来一直提倡的收银工作习惯，到银行时，银行柜员也有这样唱收唱付的行为，这是因为唱收唱付可以很有效地防止由于双方沟通不良造成的财务纠纷。

唱收唱付之后，一旦对方发现与情况不符，可以马上进行核对，不会因为时间久了，无法确认责任。同时，唱收唱付时，周围的人会听到，一旦出现问题，周围的人可以做证明人，也是保护自己的好方法。

四、出纳人员需要学会说“不”

由于出纳人员手中进出的都是现金或现金等价物，而这些资产又极易出现损失，所以所有财务岗位中，对于出纳人员岗位的相关规定是最严格的，出现差错后的处罚也是最严厉的。这里说的最严厉，是指出纳人员出的差错，如果不能找到其他的责任人，出纳人员就需要全额对差错金额进行赔付。而会计记错了账等，还可以有一些机会进行更正和补救。所以每一个身处出纳岗位上的人，都应当时时谨慎，事事当心。虽然说出纳人员只需要凭相应的凭证付款即可，可是有时候也需要说“不”。正是因为出纳人员业务错不得，所以当出纳人员应当说“不”的时候，坚决要说。需要出纳人员说“不”的情况一般有以下几种：

（1）原始凭证有误。

（2）缺少签字审核。在货币资金的收支管理中，签字代表着责任，谁签字谁就要负起相应的责任。

一般企业对现金的支付都有着严格、细致的规定，出纳必须做到只有审批手续齐全无误才能进入付款程序。

货币资金支出的审批及支付程序如图 1-4 所示。

当审批手续齐全无误时，出纳人员就可以进行付款了。付款程序中，比较重要的环节，就是经手人签名。

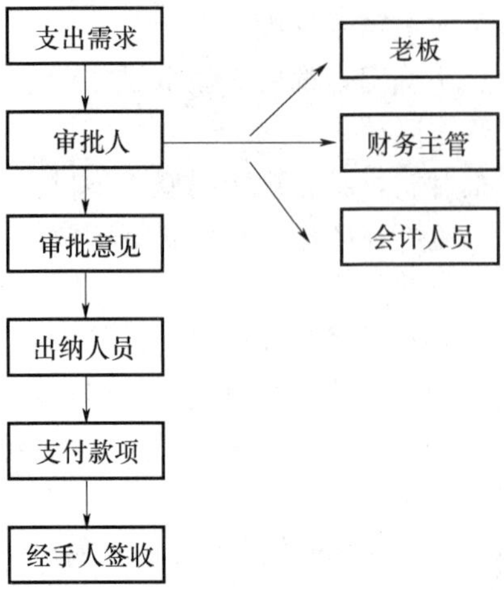

图 1-4　货币资金支出的审批及支付程序

在支付时，应由收款人当场签字，以证明款项交接责任。对于出纳人员来说，不管是支出还是收入，留下相关事务经手人的签名是十分重要的。签名之后就代表收付款责任的承接已完，所以只要出纳人员手中有合法的凭证，就可以证明款项付出了。

支付之后，出纳人员应当马上将相关的付款凭证如收款收据、支票存根等整理入账。

（3）被要求开空头支票。所谓空头支票，是指开出超出企业银行账户支付限额的支票。一般来说，企业的账户支付限额以企业的账户余额为准。而由于一些原因，企业的账面余额与银行账面余额出现不符，这时应以银行账面余额为准。例如，某企业基本账户中有银行存款 2,000,000 元，企业开出 2,000,001 元的支票，也算是空头支票，银行是不予兑付的。

（4）责任不清。责任不清是财务操作和管理中最忌讳的。例如，在财务人员交接时，前一任离职时的账目情况要盘查清楚，然后双方签字以确认责任。遇到责任不明的事务时，在无法当场确认责任的情况下，出纳有权拒绝执行。

任务五　案例情景分析

【例 1-10】某经理将 3,000 元的餐费发票交给出纳报销。经理在报账单的“批准人”一栏签名后，出纳将现金交给了经理。之后，出纳人员在“报销人”和“领款人”处写上了经理的名字。后来，代签名的问题在审计中被发现。出纳人员虽然如实说明了当时的情况，但经理不承认领过这笔钱，甚至怀疑出纳贪污。出纳人员蒙受了不白之冤。

【案例解析】这个案例表明，正是由于出纳人员没有严格执行收付两清的原则，忽视凭据意识，在付款时没有取得经理收到款项的凭证，而是由自己代签，才引发了对自己的不利后果。正确做法是，出纳人员帮经理填好报销单后，请经理在“批准人”一栏签字，待出纳人员将现金交给经理时，请经理在“报销人”和“领款人”处签字。

【例 1-11】小刘写了一份比实际收入高出 4,000 元的证明，以办银行贷款需要收入证明为由，请保管印章的小谢私下加盖了公章。不久，小刘因辞职与公司发生纠纷，便将这份收入证明提交法庭，要求赔偿其少发工资的损失。这件事给公司无端地增添了麻烦。

【案例解析】上面的案例表面上看，只是小谢轻信他人所言，但根源在于她漠视规章制度。如果小谢在人情面前仍能够严格执行规章制度，至少不会给公司造成损失。如果法院采信了小刘的证据，使公司处于不利结局，则小谢也将承担相应后果。

【例 1-12】出纳小胡正在清点现金，经理让他到隔壁的办公室取票据。本以为几分钟就回来，小胡将钱放入抽屉，但没加锁。大约 6 分钟后，小胡返回办公室，发现抽屉里的现金没了，附近也没有人。结果，小胡只能承担赔偿责任。

【案例解析】这是个典型的失窃案例。作为出纳，必须时刻保持警觉，采取有效的防范措施，不给任何人产生邪念的机会。

【例 1-13】某公司领导外出不在，业务人员外出采购需要借出差旅费。为了不耽误采购，出纳就支付了款项。事后，那个业务人员留下了一份离职书，再也没有露面。出纳的好心，间接地导致了公司损失。

【案例解析】出纳人员虽然出于不耽误工作的好意把钱支出，但忽视了凭据意识，擅自将手中掌管的钱做主支配。这个行为的后果是顾此失彼，性质严重。其根本原因在于违反公司规定，擅作主张。这是出纳人员的职业禁忌。

【例 1-14】小程是某单位的出纳人员。某天，收到业务员交来 8,900 元的货款。随后，恰遇原材料供货商甲公司来催款，于是，小程就从收来的货款中支付了 4,800 元给甲公司。

【案例解析】小程的行为就是我们常说的“现金坐支”现象。根据现金收支的相关规定，要坚持收支两条线，不得坐收、坐支现金。若因特殊需要，申请以后经银行批准的除外。未经批准坐支或未按开户银行核定的坐支范围和限额坐支现金的，开户银行应当按照中国人民银行的规定，予以警告或者罚款；情节严重的，可在一定期限内停止对该单位的贷款或者停止对该单位的现金支付。

【例 1-15】单位工程部一个同事接了新项目后，让对方开了一张不正规的收据，收据上没有其他经办人的签字，只有领导签的字，拿到单位出纳李华处，说需预付一笔款项，正式发票下次拿来。于是，李华就将这张不正规的收据直接入账。

【案例解析】上述案例就是典型的白条抵库，虽然有领导的签字但没有走正规的手续。正确的做法是，填制借款单，让经手人、审批人各自签字，这才算手续完整，可以直接入账，支付款项。

【例 1-16】张霞是一家工厂的财务人员，因为在工厂工作的年限相当长，工作表现也相当不错，深获老板信任。从 2018 年开始，厂长为了单位的利益，就让张霞把公司的部分收入存入她的私人账户，而这些收入在工厂的法定会计账簿、会计科目上并不显示。张霞就按照厂长的意思做了相应的处理。

【案例解析】上述案例就是典型的公款私存。只是因为公款私存的决定主体是单位本身，所以只是违纪。但如果是为了个人利益，在公款私存的过程中实施贪污、挪用等行为的，可直接按其所涉嫌的罪名进行处理。在上例中，如果是张霞为了获取银行利息收入，或者为了自己的私利而将公款存入银行，张霞就构成了犯罪。

实训一　做中学　学中做

一、**单项选择题**（下列答案中有一个是正确的，将正确答案填入括号内）

1. 出纳工作的基本原则是指（　　）。

A. 客观性原则　　B. 谨慎性原则　　C. 钱账分管原则　　D. 相关性原则

2. 根据内部控制制度的要求，出纳人员可以经办的是（　　）。

A. 应收账款明细账的登记　　B. 主营业务收入明细账的登记

C. 会计档案的保管业务　　D. 银行存款收、付款业务

3. 下列属于出纳人员不可以从事的工作是（　　）。

A. 办理现金、银行存款的收付　　B. 登记现金、银行存款日记账

C. 监督货币资金的收支　　D. 登记总分类账

4. 出纳人员的职责是（　　）。

A. 维护财经纪律，执行财会制度，抵制不合法的收支和弄虚作假行为

B. 参与货币资金计划定额管理的权力

C. 管好用好货币资金的权力

D. 按照国家有关现金管理和银行结算制度的规定，办理现金收付和银行结算业务

5. 人民币玖万零叁元整的阿拉伯数字正确写法是（　　）。

A. ￥90,003.00　　B. ￥90,003　　C. 90,003　　D. 90,003 元

6. 下列表述正确的是（　　）。

A. 小写金额的货币符号与阿拉伯数字之间可以适当地留有空位

B. 第五套人民币 100 元正面左下方用新型油墨印刷了面额数字“100”，当与票面垂直观察其为绿色，而倾斜一定角度则变为红色

C. 破损、残缺的人民币要用纸条或不干胶条等随意粘贴好使用

D. 登记账簿时按账簿页次顺序连续登记，不得跳行隔页

7. ￥8,100.92 大写金额的正确写法是（　　）。

A. 人民币捌仟壹佰元玖角贰分　　B. 人民币捌仟壹佰元玖角贰分整

C. 人民币捌仟壹佰零玖角贰分　　D. 人民币捌仟壹佰零元玖角贰分

8. 2015 版第五套人民币 100 元正面左下方用新型油墨印刷了面额数字“100”，当与票面垂直观察其为（　　）色。

A. 金　　B. 绿　　C. 橘黄　　D. 红

9. 账簿中书写的文字或数字应占格距的（　　）。

A. 1/2　　B. 1/3 至 1/2　　C. 2/3　　D. 3/4

10. 下列选项中，符合不相容岗位相互分离的是（　　）。

A. 由出纳人员兼任会计档案保管工作

B. 由出纳人员保管签发支票和登记日记账

C. 由出纳人员兼任收入总账和明细账的登记工作

D. 由出纳人员兼任债权、债务明细账及总账的登记工作

11. 出差人员报销差旅费，出纳库存现金不足支付。下列做法正确的是（　　）。

A. 出纳人员将私人现金先垫付　　B. 从本单位现金收入中直接支付
C. 出纳人员个人打欠条　　D. 开出现金支票支付

12. 根据《现金管理暂行条例》的规定，边远地区和交通不便地区的企业库存现金最高限额可多于 5 天的日常零星开支所需的现金，但最多不能超过（　　）的日常零星开支。

A. 一个月　　B. 20 天　　C. 15 天　　D. 10 天

13. 下列不能用现金支付的是（　　）。

A. 购买办公用品 250 元　　B. 向个人收购农副产品 20,000 元
C. 从某公司购入工业产品 60,000 元　　D. 支付职工差旅费 10,000 元

14. 所谓日清月结，是指出纳人员办理现金出纳业务，必须做到（　　）。

A. 按日清理，按月结账　　B. 按月清理，按日结账
C. 按日清理和结账　　D. 按月清理和结账

15. 以下违反出纳人员工作要求的是（　　）。

A. 拒绝支付手续不完全的款项
B. 与交好同事讨论其他同事的工资
C. 将当天收入存入银行
D. 每日工作结束前清点现金，与现金日记账余额核对

二、多项选择题（下列答案中有两个或两个以上是正确的，将正确答案填入括号内）

1. 关于现金管理，下列说法正确的有（　　）。

A. 在国家规定的范围内使用现金结算　　B. 收入的现金必须当天送存银行
C. 库存限额一经确定，不得变更　　D. 必须每天登记现金日记账

2. 下列属于出纳人员不可以从事的工作是（　　）。

A. 保管会计档案　　B. 登记债权、债务账目
C. 稽核　　D. 登记收入、费用账目

3. 出纳工作的特点是（　　）。

A. 社会性　　B. 专业性　　C. 政策性　　D. 时间性

4. 回避制度中的亲属关系是指（　　）。

A. 夫妻关系　　B. 直系血亲关系
C. 三代以内旁系血亲关系　　D. 近姻亲关系

5. 出纳人员的权限包括（　　）。

A. 维护财经纪律，执行财会制度，抵制不合法的收支和弄虚作假行为
B. 参与货币资金计划定额管理的权力
C. 管好用好货币资金的权力
D. 按照国家有关现金管理和银行结算制度的规定，办理现金收付和银行结算业务

6. 下列属于出纳人员可以从事的工作是（　　）。

A. 办理现金、银行存款的收付　　B. 登记现金、银行存款日记账
C. 监督货币资金的收支　　D. 登记总分类账

7. 下列属于出纳人员的职责的是（　　）。

A. 按照国家有关现金管理和银行结算制度的规定，办理现金收付和银行结算业务

B. 保管库存现金和各种有价证券的安全与完整

C. 保管有关印章、空白收据和空白支票

D. 掌握银行存款余额，不准签发空头支票，不准出租出借银行账户

8. 实行回避制度的单位会计机构负责人、会计主管人员的（　　）不能在本单位担任。

A. 配偶　　B. 儿女　　C. 兄弟　　D. 侄子

9. 下列属于出纳人员工作内容的是（　　）。

A. 办理现金收付业务　　B. 设置并登记日记账，保证日清月结

C. 办理银行结算业务　　D. 监督货币资金的收支

10. 点钞的基本要求是（　　）。

A. 坐姿端正　　B. 指法正确　　C. 点数准确　　D. 扎把捆紧

E. 盖章清晰

11. 原始凭证的审核内容主要包括（　　）三个方面。

A. 合理性　　B. 真实性　　C. 合法性　　D. 程序性

12. 下列选项中符合现金使用范围的业务有（　　）。

A. 发放职工工资 73,456 元

B. 公司食堂向农户购买农副产品支付价款 5,700 元

C. 办公室购买办公用计算机 3 台，合计价款 13,000 元

D. 支付差旅费预借款 3,000 元

13. 现金管理的原则是（　　）。

A. 收付合法原则　　B. 收付两清原则

C. 钱账分管原则　　D. 日清日结原则

14. 一名合格的出纳人员应具备的基本素质要求是（　　）。

A. 要有良好的职业道德　　B. 要有较强的政策水平

C. 要有熟练的专业技能　　D. 要有良好的工作态度

15. 辨认真假币的方法是（　　）。

A. 看水印　　B. 听声音　　C. 看图案　　D. 安全线检测

E. 摸图案　　F. 验钞机鉴别

三、判断题（正确的在括号内打“√”，错误的在括号内打“×”）

1. 出纳工作的基本原则是钱账分管原则，所以出纳人员不能登记会计账簿。（　　）

2. 审核工资单据、发放工资奖金是会计主管的工作内容。（　　）

3.《会计法》对各单位会计、出纳机构与出纳人员的设置没有做出硬性规定，只是要求各单位根据业务需要来设定。（　　）

4. 出纳人员不得兼管稽核、会计档案保管和收入、费用、债权债务账目的登记工作。（　　）

5. 当天下班前，应盘点现金实有数，进行账实核对，保证账实相符。（　　）

6. 点钞的基本程序是拆把—扎把—点数—盖章。（　　）

7. 原始凭证中金额写错时可用划线更正法。（　　）

8. 数字书写时为了体现数字的流畅性可连笔。（　　）

9. 已经破损的人民币不可以在商品交换中起到价值职能，得不到社会的承认。（　　）

10. 为了实行钱账分管原则，通常由出纳人员填制收款凭证和付款凭证，由会计人员登记现金日记账和银行账款日记账。（　　）

11. 凡填写大小写的凭证，金额必须一致，不一致时按大写金额确定。（　　）

12. 一般情况下，企业发生的少量零星开支可直接从本单位的现金收入中支付。（　　）

13. 单位开支在 1,000 元以上的业务办理，均通过银行转账进行结算。（　　）

14. 单位临时收入的现金可以用个人名义暂时存入储蓄。（　　）

15. 因为收据不用到税务局购买，所以可以随便使用，开错了撕毁也是可以的。（　　）

16. 企业支付现金必要时可以从企业的现金收入中直接支取现金。（　　）

17. 填写现金支票时，如不慎写错，不得更改，可直接撕毁。（　　）

18. 空白支票应保管在保险柜中。（　　）

19. 为方便开具支票，单位的空白支票和印鉴可以由出纳人员一人保管。（　　）

20. 原出纳人员正式将会计资料移交后，不再对其负有责任。（　　）

四、综合题

1. 将下列中文大写数字写成阿拉伯数字。

（1）人民币贰拾柒元陆角肆分　　应写成＿＿＿＿＿＿

（2）人民币叁仟贰佰万零捌仟玖佰柒拾捌元整　　应写成＿＿＿＿＿＿

（3）人民币叁仟万零贰拾元整　　应写成＿＿＿＿＿＿

（4）人民币壹拾捌万零贰拾伍元整　　应写成＿＿＿＿＿＿

（5）人民币玖角捌分　　应写成＿＿＿＿＿＿

（6）人民币捌万肆仟陆佰零贰元捌角陆分　　应写成＿＿＿＿＿＿

（7）人民币玖仟伍佰元零伍角整　　应写成＿＿＿＿＿＿

（8）人民币叁拾肆万零捌佰零壹元零玖分　　应写成＿＿＿＿＿＿

（9）人民币壹拾万元整　　应写成＿＿＿＿＿＿

（10）人民币捌佰万元零柒分　　应写成＿＿＿＿＿＿

2. 将阿拉伯数字写成中文大写数字。

（1）￥38,903.49　　应写成＿＿＿＿＿＿

（2）￥180,000.00　　应写成＿＿＿＿＿＿

（3）￥590.20　　应写成＿＿＿＿＿＿

（4）￥6,000,080.10　　应写成＿＿＿＿＿＿

（5）￥80,108.09　　应写成＿＿＿＿＿＿

（6）￥209,090.80　　应写成＿＿＿＿＿＿

（7）￥506,054.03　　应写成＿＿＿＿＿＿

（8）￥90,001.30　　应写成＿＿＿＿＿＿

（9）￥86,004,000.00　　应写成＿＿＿＿＿＿

（10）￥86,284.58　　应写成＿＿＿＿＿＿

项目二　现金业务

任务一　现金管理制度

凡在银行和其他金融机构开立账户的机关、团体、部队、企事业单位和其他单位，必须依照《现金管理暂行条例》的规定收支和使用现金，接受开户银行的监督。企业现金管理制度主要包括以下内容。

一、现金的使用范围

（1）职工工资、津贴；
（2）个人劳务报酬；
（3）根据国家规定颁发给个人的科学技术、文化艺术、体育等各种奖金；
（4）各种劳保、福利费用以及国家规定的对个人的其他支出；
（5）向个人收购农副产品和其他物资的价款；
（6）出差人员必须随身携带的差旅费；
（7）结算起点以下的零星支出；
（8）中国人民银行确定需要支付现金的其他支出。

其中结算起点定为 1,000 元。结算起点的调整，由中国人民银行确定，报国务院备案。除以上第（5）项和第（6）项外，开户单位支付给个人的款项，超过使用现金限额的部分，应当以支票或者银行本票支付；确需全额支付现金的，经开户银行审核后，予以支付现金。

二、现金的限额

现金的限额是指为了保证单位日常零星开支的需要，允许单位留存现金的最高数额。这一限额由开户银行根据单位的实际需要核定，一般按照单位 3～5 天日常零星开支所需确定。边远地区和交通不便地区的开户单位的库存现金限额，可按多于 5 天但不得超过 15 天的日常零星开支的需要确定。经核定的库存现金限额，开户单位必须严格遵守，超过部分应于当日终了前存入银行。需要增加或者减少库存现金限额的，应当向开户银行提出申请，由开户银行核定。

三、现金的收支规定

开户单位现金收支应当依照下列规定办理：①开户单位现金收入应当于当日送存开户银行，当日送存确有困难的，由开户银行确定送存时间。②开户单位支付现金，可以从本单位库存现金限额中支付或从开户银行提取，不得从本单位的现金收入中直接支付即坐支。因特殊情况需要坐支现金的，应当事先报经开户银行审查批准，由开户银行核定坐支范围和限额。坐支单位应当定期向开户银行报送坐支金额和使用情况。③开户单位从开户银行提取现金时，应当写明用途，由本单位财会部门负责人签字盖章，经开户银行审核后，予以支付。④因采购地点不确定，交通不便，生产或市场急需，抢险救灾以及其他特殊情况必须使用现金的，开户单位应向开户银行提出申请，由本单位财会部门负责人签字盖章，经开户银行审核后，予以支付现金。⑤严禁私设“小金库”和用“白条”抵库。

“小金库”是指不在本单位财会部门列支列收，私自在单位库存之外保存的现金和银行存款。私设“小金库”是侵占、截留、隐瞒国家和单位收入的一种违法行为，不仅会扰乱各单位正常的现金收支业务，更严重的是，“小金库”还为各种违法乱纪活动提供了温床，危害极大。因此，国务院历来强调严禁各单位私设“小金库”。

“白条”抵库是指用不符合财务制度规定和审批手续的字条或单据，顶抵库存现金的做法。“白条”抵库使实际库存现金减少，造成正常业务开支所需的现金不足，各种现金收付业务得不到及时处理，很容易导致财务管理出现混乱；“白条”未经合法手续审批，随意支取现金会产生挪用、挥霍和贪污公款等行为，给不法分子以可乘之机；“白条”一旦丢失，无据可查，会给单位或个人造成不该有的损失。

单位的库存现金不准以个人名义存入银行，为防止有关人员利用公款私存取得利息收入，也防止单位利用公款私存形成账外小金库，单位收入的现金也一律不准以个人名义存入银行。银行一旦发现公款私存，可以对单位处以罚款，情节严重的，可以冻结单位现金支付。

四、现金的内部控制制度

在良好的货币资金内部控制下，企业的现金收支记录及时、准确、完整；全部现金支出均按经批准的用途进行；现金得以安全保管。根据《企业内部控制基本规范》的规定，库存现金内部控制制度包括以下几项内容。

（1）企业应建立现金的岗位责任制，明确相关部门和岗位的职责权限，确保办理现金业务的不相容岗位相互分离、制约和监督。具体应做到：

①现金收支业务的审批和执行应由不同人负责。

②现金收支业务的执行和记录应由不同人负责。

③现金的记录、保管和稽核应由不同人负责。

④登记现金日记账和登记现金总账应由不同人负责。

⑤出纳人员不得兼任会计档案的保管工作。

⑥出纳人员不得兼管收入、费用、债权、债务账目的登记工作。

（2）企业办理现金业务，应配备合格的人员，并根据具体情况进行岗位轮换。

（3）企业应建立现金业务的授权审批制度，明确审批人员对现金业务的授权批准方式、权限、程序、责任和相关控制措施，规定经办人员办理现金业务的职责范围和工作要求。

（4）企业应加强银行预留印鉴的管理。财务专用章应当由专人保管，印鉴章由本人或其授权人员保管。不得由一个人保管支付款项所需的全部印章。

（5）企业应加强与现金有关的票据管理，防止空白票据遗失和被盗。

五、违反现金管理制度的处分

各单位领导及会计机构负责人应经常检查和督促出纳人员在工作中切实执行现金管理的各项规定，对违反规定的出纳人员，应责令其改正，并做出相应的处理。银行有权对开户单位的现金收支实行监督，对违反现金管理条例的行为，有权做出处罚。

例如，超出规定范围、限额使用现金的开户单位有下列情形之一的，开户银行应当依照中国人民银行的规定，予以警告或者罚款；情节严重的，可在一定期限内停止对该单位的贷款或者停止对该单位的现金支付。

（1）对现金结算给予比转账结算优惠待遇的；

（2）拒收支票、银行汇票和银行本票的；

（3）机关、团体、部队、全民所有制和集体所有制企业事业单位购置国家规定的专项控制商品，不采取转账结算方式购置国家规定的专项控制商品的；

（4）用不符合财务会计制度规定的凭证顶替库存现金的；

（5）用转账凭证套换现金的；

（6）编造用途套取现金的；

（7）互相借用现金的；

（8）利用账户替其他单位和个人套取现金的；

（9）将单位的现金收入按个人储蓄方式存入银行的；

（10）保留账外公款的。

任务二　现金存取业务

一、现金存储业务

各单位对当天收入的现金或超过库存限额的现金，应及时送存开户银行。当天现金及时送存银行是法律规定，超过规定限额的现金必须存入银行更是为了单位内部安全考虑。

存现业务的办理流程如图 2-1 所示。

图 2-1　存现业务的办理流程

（一）清点现金

各单位出纳人员在将现金送存银行之前，为了便于清查现金，应对送存现金进行分类整理：纸币应按照票面金额分类整理，然后按面额每 100 张用纸条或橡皮筋扎成一把，每 10 把扎成一捆；铸币应按币别进行整理，同一币别每 100 枚为一卷，用纸包紧、卷好；残缺破损的纸币应单独剔除，另行包装。

（二）填写交款单

现金整理完毕后，出纳人员应根据整理后的金额填写现金交款单（图 2-2）。交款单一般一式两联：第一联为银行留存联；第二联为客户留存联，由银行签章后作为送存单位的记账依据。

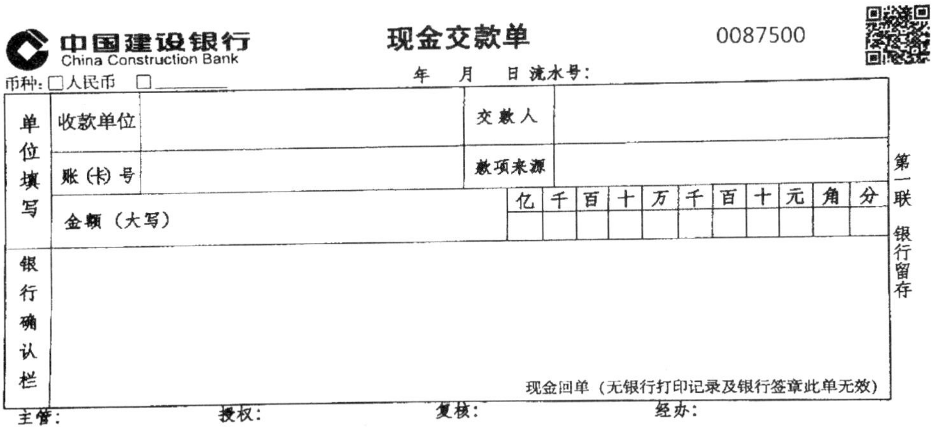
中国建设银行 China Construction Bank　　现金交款单　　0087500

币种：□人民币　□______　　年　月　日 流水号：

单位填写	收款单位		交款人	
	账（卡）号		款项来源	
	金额（大写）		亿 千 百 十 万 千 百 十 元 角 分	
银行确认栏	现金回单（无银行打印记录及银行签章此单无效）			

第一联　银行留存

主管：　　授权：　　复核：　　经办：

图 2-2　现金交款单

出纳人员填写现金交款单的步骤：

（1）交款日期应当填写送存银行当日的日期。

（2）填写“单位填写”栏内容。

①收款单位：为本单位名称（要与营业执照名称一致）。

②账（卡）号：为本单位在该银行开立的账（卡）号。

③交款人：填写交款的部门，也可以填写公司名称或不填。

④款项来源：应如实填写，例如员工还款可写个人还款，零售款可写货款收入。

⑤金额：人民币（大写）应正确填写中文数字大写，后面框内小写填写阿拉伯数字，在小写前加“￥”符号。

【例 2-1】出纳人员张平于 2018 年 12 月 2 日将销售收入 20,000 元存入银行。交款单填写如图 2-3 所示。

（三）送存银行，收回存款回单

出纳人员按规定整理现金并填写现金交款单后，应将现金连同现金交款单一起送交银行柜台收款员。在交款时，送款人必须同银行柜台收款员当面交接清点。经柜台收款员清点无误后，银行按规定在现金交款单上加盖印章，并将回单联退还给送款人，送款人在接到回单联后应当进行检查，确认为本单位交款回单，而且银行有关手续已经办妥后即可离开柜台。出纳人员将现金交款单回单联取回后，财务部门根据回单联填制现金付款凭证。

中国建设银行 China Construction Bank　　现金交款单　　0087500

币种：☑人民币 □______　　2018 年 12 月 2 日 流水号：

单位填写	收款单位	贵州经典年华服饰有限公司	交款人	张平
	账（卡）号	522822457869888	款项来源	
	金额（大写）贰万元整		亿 千 百 十 万 千 百 十 元 角 分	¥ 2 0 0 0 0 0 0
银行确认栏				

现金回单（无银行打印记录及银行签章此单无效）

第一联 银行留存

主管：　　授权：　　复核：　　经办：

图 2-3　例 2-1 图

二、现金取款业务

现金的支取是以单位在开户行做的现金预算额度及实际需求为依据，同时所提现金的用途要满足《现金管理暂行条例》所规定的现金支出范围。现金支票是专门用于单位支取现金的票据。取现的用途包括“差旅费”“劳务费”“备用金”“工资”等。

支取现金的流程如图 2-4 所示。

图 2-4　支取现金的流程

（一）签发现金支票

现金支票是指存款人签发的，用以向银行提取或支付给受款人现金的一种支票。中国现金管理制度和结算办法规定，在银行开户的各国营企业、事业、机关、团体等单位，只能在允许使用现金的范围内使用现金支票，并应写明款项用途，接受银行的监督。现金支票分为存根联和支票联（票样如图 2-5、图 2-6 所示），存根联为财务部门的做账依据，支票联为银行提取现金的凭证。

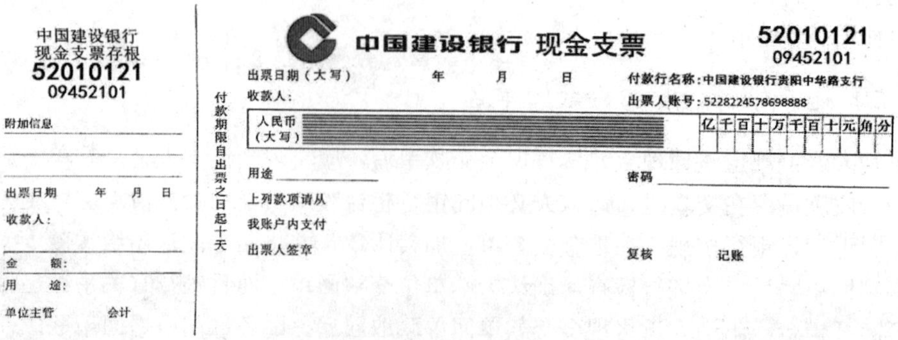
中国建设银行
现金支票存根
52010121
09452101
附加信息
出票日期　年　月　日
收款人：
金　额：
用　途：
单位主管　　会计

中国建设银行 现金支票　　52010121 09452101
出票日期（大写）　年　月　日　　付款行名称：中国建设银行贵阳中华路支行
收款人：　　出票人账号：5228224578698888
人民币（大写）　亿 千 百 十 万 千 百 十 元 角 分
用途______　　密码______
上列款项请从
我账户内支付
出票人签章　　复核　　记账
付款期限自出票之日起十天

图 2-5　现金支票正面

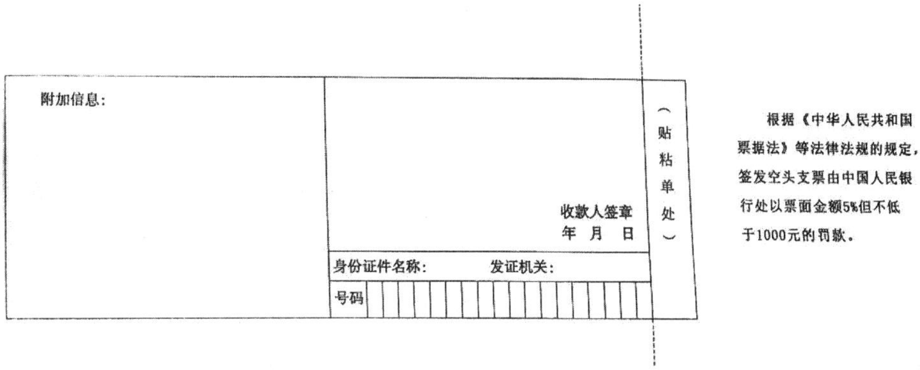

图 2-6　现金支票背面

1. 支票联填写规范

（1）日期填写规范：

①年份直接根据中文数字填写，如 2018 年应写为“贰零壹捌年”；2020 年应写为“贰零贰零年”。

②月份的填写：1 月、2 月必须在大写前加“零”，如 1 月应写为“零壹月”；3 月至 9 月，大写前可以不加零；10 月、11 月、12 月应写为“壹拾月”“壹拾壹月”“壹拾贰月”。

③日的填写：1 日至 9 日必须在大写前加“零”，如 6 日应写为“零陆日”；10 日应写为“壹拾日”；11 日至 19 日应写为“壹拾几日”，如 15 日应写为“壹拾伍日”；20 日应写为“贰拾日”；21 日至 29 日应写为“贰拾几日”，如 27 日应写为“贰拾柒日”；30 日应写为“叁拾日”；31 日应写为“叁拾壹日”。

（2）收款人的书写：应填写本单位名称且必须是全称，用正楷字填写，不能草书或连笔。若支付给个人，应写与收款人身份证一致的姓名。

（3）金额大、小写必须规范。

（4）用途栏的填写：一般填写“备用金”“差旅费”“劳务费”“工资”等。

（5）背面日期的填写：可按小写日期格式填写取现当天的日期。

2. 存根联填写规范

存根联是作为财务做账的依据，存根联日期用小写填写，收款人可用简称，金额栏填写小写金额并在前面加“¥”，用途栏的填写与支票联一致。

3. 支票其他注意事项

（1）付款行名称、出票人账号：是指出票单位开户银行名称及银行账号，此处由银行填写。出纳人员在向银行购买支票时，银行柜台人员用打印机打印或盖章的形式将出票单位开户行名称及银行账号印制在支票上后，方可交给出纳人员。

（2）密码：是指银行为了进一步加强票据风险控制而设置的，若企业需要更安全的保障，可向银行购买支付密码或支付密码器（图 2-7）。如开户银行为采用支付密码的银行，企业在购买支票时从开户银行随机取得每张支票的密码，填写支票时，应在确认支付的支票“小写金额”栏下方的“空格”栏内填写该支票的密码，但不得在支票未使用时先行将密码填好。有些企业采用支付密码器自动产生密码。由会计人员在密码器上输

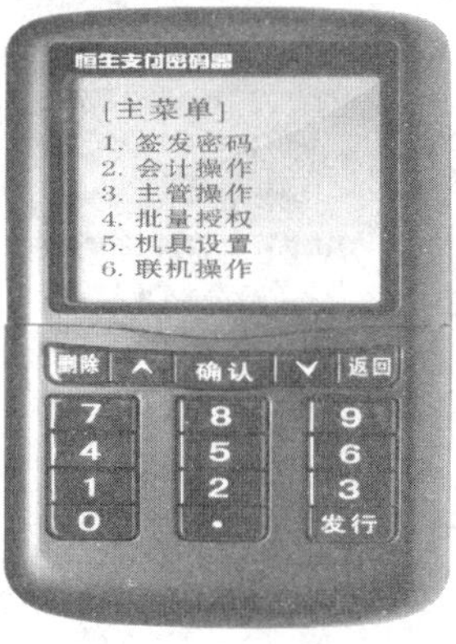

图 2-7　支付密码器

入支票编号、金额等信息后，密码器会自动产生密码，将该密码填入“支付密码”栏，银行核对，相符后方可办理款项转账与现金业务。

（3）出票人签章：

正面：现金支票正面应加盖出票单位银行预留印鉴，一般为财务专用章和法人章，缺一不可。印泥为红色，印章必须清晰，印章模糊、残缺则本张支票作废，需要换一张重新填写，重新盖章。

背面：①现金支票收款人如为本单位，其背面“被背书人”栏内应加盖本单位的银行预留印鉴（财务专用章和法人章），收款人方可凭现金支票直接到开户银行提取现金。②现金支票收款人如为收款人个人，此时现金支票背面不盖任何章，收款人在现金支票背面填上身份证号码和发证机关名称，凭身份证和现金支票签字领款。

【例 2-2】2018 年 12 月 4 日，经领导批准，出纳人员从银行提取现金 50,000 元以备发放工资。该支票通过支付密码器生成密码为 5789654745451414，如图 2-8、图 2-9 所示。

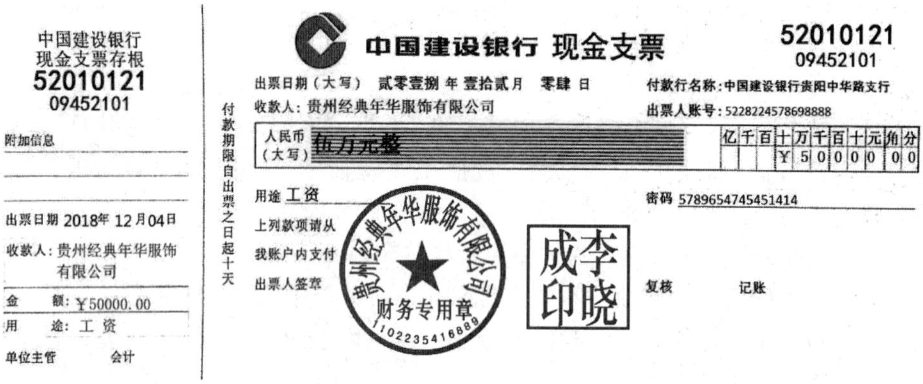

中国建设银行
现金支票存根
52010121
09452101
附加信息
出票日期 2018年 12月04日
收款人：贵州经典年华服饰有限公司
金　额：¥50000.00
用　途：工 资
单位主管　会计

付款期限自出票之日起十天

中国建设银行 现金支票　52010121 09452101
出票日期（大写）　贰零壹捌 年 壹拾贰月　零肆 日　付款行名称：中国建设银行贵阳中华路支行
收款人：贵州经典年华服饰有限公司　出票人账号：5228224578698888

人民币（大写）	伍万元整	亿	千	百	十	万	千	百	十	元	角	分
					¥	5	0	0	0	0	0	0

用途 工资　密码 5789654745451414
上列款项请从
我账户内支付
出票人签章　贵州经典年华服饰有限公司 财务专用章 1102235416889　李晓成印
复核　记账

图 2-8　现金支票正面

附加信息：
贵州经典年华服饰有限公司 财务专用章 1102235416889　李晓成印
收款人签章
年　月　日
身份证件名称：　发证机关：
号码
（贴粘单处）
根据《中华人民共和国票据法》等法律法规的规定，签发空头支票由中国人民银行处以票面金额5%但不低于1000元的罚款。

图 2-9　现金支票背面

（二）预约并递交支票

若取款人取大额现金（50,000 元以上），需提前一天向取款银行预约取款。因银行每日现金有限，并且通知金库调钱也需要安排。

取款人持已填好的现金支票到开户银行取款时，先将现金支票交给银行对公窗口有关人员进行审核，等待取款。银行经办人员对支票进行审核，核对印鉴章真伪，核对密码，办理规定的付款手续，手续齐备后清点现金。

（三）领取现金

取款人收到银行人员付给的现金时，一般应当面清点现金数量，清点无误后才离开柜台，切不可离开柜台后点数。如果提取现金的数额较大，当面清点确有困难，应当将大捆大把的数字核对清楚，并当面点清散把和零张钞票后，把现金全部装入取款袋或箱内，回单位后进一步清点。清点现金时，一般应先检查封签、类别和把数是否相符，然后再具体点钞。点钞的一般程序：先点捆数，捆数无误再拆捆复点把数，把数点完后才点零张。

（四）保管现金

取回现金后，取款人是出纳人员的，应及时将现金存入保险柜内；取款人不是出纳人员的，应将取回的现金交出纳人员存入保险柜，取款人与出纳人员当面清点现金。清点时应当注意以下几点：

（1）清点现金特别是回单位清点时，最好由本单位两名以上财务人员共同进行。

（2）清点应逐捆逐把逐张地进行，做到一捆一把一清。清点时不能随意混淆或丢弃每把的捆钞纸，只有把所有把数清点无误后才可以将每把的捆钞纸连同每捆封签一起扔掉。

（3）在清点中发现有残缺、损伤的票币以及假钞时应立即向银行要求调换。

（4）所有现金应清点无误后才能发放使用，切忌一边清点一边发放，否则一旦发生差错，将无法查清。

（5）在清点过程中，特别是回单位清点时，如果发现确有差错，应将所取款项保持原状，通知银行经办人员，妥善进行处理。

（五）账务处理

各单位用现金支票提取现金，应将现金支票存根交会计编制银行存款付款凭证，并交由审核会计进行审核后交给出纳人员，以备登记现金日记账和银行存款日记账，出纳人员每日结出余额，并与库存现金的实有数额相核对，做到账实相符。

任务三　现金收付业务

一、现金收款业务

（一）库存现金收入的主要来源

企业在正常经营过程中，有多种途径取得现金收入，单位在办理经济业务时，可以根据国家现金管理制度的规定，在一定范围内收取现金。一般主要有以下几种情形可以收取现金：

（1）单位或职工交回差旅费剩余款、赔偿款、备用金退回款。

（2）收取不能转账的单位或个人的销售收入。

（3）不足转账起点（起点一般为 100 元）的小额收入等。

除上述项目可直接收入现金外，其余收款业务原则上都必须通过银行转账结算。

（二）库存现金收入的一般处理程序

一般现金收入业务，是指出纳人员直接收取由其他单位、部门或个人交来的现金业务。一般现金收入业务的处理程序如下：

（1）受理收款业务，查看收款依据是否齐备。

（2）审核现金来源是否合理合法。

（3）当面清点现金，做到收付两清，一笔一清。

（4）开具收款凭据，并加盖“现金收讫”印章和出纳人员名章。

（5）根据收款收据记账联和收款依据编制收款凭证。

（6）根据收款凭证登记现金日记账。

企业为满足日常开支需要，可以按照有关规定从开户银行提取现金。从银行提取现金的一般程序见本书项目二中任务二“现金取款业务”。

（三）现金收款业务流程

现金收款业务流程如图 2-10 所示。

图 2-10　现金收款业务流程

1. 核对收款依据

出纳人员受理收款业务时，首先要询问款项来源，并且要核实该项业务的真实性、合法性、时效性和准确性。根据发票、合同或者协议等收款的依据来确认应该收取的款项金额。

2. 收取款项

出纳人员收取款项时，应当着交款人清点现金，并报出清点数额，使交接双方都能够当面共同确认所交接的金额数，以防事后隐患，同时在清点的过程中注意假币识别。清点好的现金要妥善保管。

3. 开具收款证明

依据管理规定开具收款凭据（收款收据或发票），并在凭据上加盖“现金收讫”印章（图 2-11）和出纳人员私章，并将收款收据中的收据联交给交款人。

收款收据（图 2-12）主要是用于单位内部职能部门或与职工之间的现金往来，以及与外单位和个人之间的非经常性的现金往来。收据可以在办公用品商店购买，也可以由

现金收讫

图 2-11　现金收讫章

单位根据自己的需要设计印刷（可设计为手写版的收据，也可设计为计算机版的收据），无须到税务部门领购。但国家机关、事业单位在按规定收取各种规定费用和服务费用时所开具的非经营性收据需要由国家财政部门统一印制或加盖监制章。收据一般是一式三联：第一联为收据存根联，第二联交给付款单位或个人，第三联是记账联。出纳人员开具收据后盖上“现金收讫”章并交会计人员做账。

收　款　收　据

年　月　日　No:0021121

今收到＿＿＿＿＿＿＿＿＿＿＿＿＿＿＿＿＿＿ 交来＿＿＿＿＿＿＿＿＿＿＿＿＿＿＿＿＿＿款 人民币（大写） ¥	第一联　存根联
备注：	

主管　　会计　　出纳　　经手人

图 2-12　收款收据

收款收据的填写及使用要求如下：

（1）日期：填写收款当天日期，用阿拉伯数字填写即可。

（2）交款单位：在“交来”前面的横线处填写交款人单位名称或个人名称。

（3）收款事由：在“交来”后面的横线处填写收取款项的原因和事由。

（4）金额：填写实际收到的款项金额。在“人民币（大写）”后用中文大写正楷字填写。在“¥”后，填写阿拉伯数字小写，精确到分。同时紧挨着“¥”填写，不得留有空白，以防窜改。大小写要一致。

（5）相关人员签字：具体的收款人在“经手人”处签字盖章。

（6）盖章：填写完毕后，在第二联收据联客户联上盖上收款单位公章或财务专用章，在第三联记账联上盖“现金收讫”章。

（7）使用：填写完毕、盖章后，将第二联撕下交给付款人，第一联存根联保留在收据簿上备查，第三联记账联交给会计做账务处理。

【例 2-3】2018 年 12 月 5 日，出纳人员张平收到贵州鸿宇服饰有限公司货款 6,000.00 元。现金已清点并收妥，可填写图 2-13 所示收据。

收　款　收　据

2018年12月5日　No:0021121

今收到

贵州鸿宇服饰有限公司交来货款

人民币（大写）陆仟元整

¥6000.00

贵州经典年华服饰有限公司 财务专用章 1102235416689

备注：

主管　　会计　　出纳　　经手人 张平

第二联 客户联

图 2-13　例 2-3 图

【例 2-4】2018 年 12 月 5 日，出纳人员张平收到销售部李明退回预支差旅费多余款项 380.00 元，现金已清点并收妥，可填写图 2-14 所示收据。

收　款　收　据

2018年12月5日　No:0021122

今收到

李明交来差旅费多余退款

人民币（大写）叁佰捌拾元整

¥380.00

现金收讫

备注：

主管　　会计　　出纳　　经手人 张平

第三联 记账联

图 2-14　例 2-4 图

一般纳税人开具的是增值税专用发票（图 2-15），小规模纳税人开具的是增值税普通发票。发票可分为手写版发票和计算机版发票。手写版发票将逐渐取消，而统一使用计算机版发票，所以在此不介绍手写版发票的填制。计算机版发票由具体软件设计，有固定发票样式，所以它的填制必须按具体发票样式及实际发生内容逐项输入或选择确认，同时要在发票联上加盖单位财务专用章或发票专用章方可有效。

4. 进行账务处理

出纳人员将收款原始凭证交由会计编制现金收款凭证。在现金收款凭证编制好后，出纳人员应核对相关凭证内容，复核后再进行日记账的登记工作。复核凭证应注意以下内容：

（1）现金收款凭证的填写日期是否正确。现金收款凭证的填写日期应为编制收款凭证的当天，不得提前或推后。

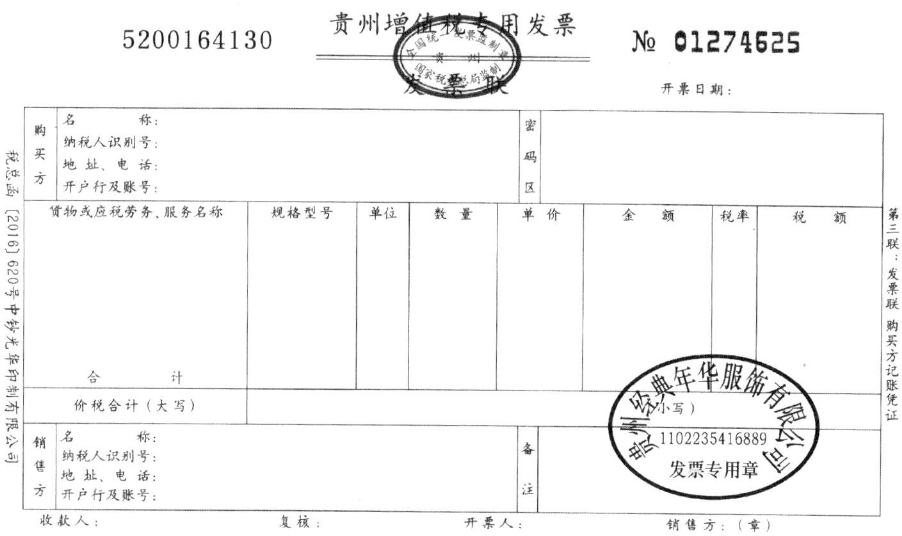
5200164130　贵州增值税专用发票　№ 01274625
发票联
开票日期：
购买方　名称：　纳税人识别号：　地址、电话：　开户行及账号：　密码区
货物或应税劳务、服务名称　规格型号　单位　数量　单价　金额　税率　税额
合计
价税合计（大写）　（小写）
销售方　名称：　纳税人识别号：　地址、电话：　开户行及账号：　备注
收款人：　复核：　开票人：　销售方：（章）
第三联：发票联　购买方记账凭证
税总函［2016］620号中钞光华印制有限公司

图 2-15　增值税专用发票

（2）现金收款凭证的编号是否正确。主要是复核凭证是否按本单位规定的分类编号方法连续编号，如有重号、漏号或不按日期顺序编号等情况，应将收款凭证退回制证人员，予以更正或重新填写。

（3）现金收款凭证记录的内容是否真实、合法、正确，其摘要栏的内容与原始凭证反映的经济业务内容是否相符。

（4）使用的会计科目是否正确。如果发现科目使用错误或记账方向错误等情况，应立即退回制证人员，要求更正。

（5）复核收款凭证的金额与原始凭证的金额是否一致。

（6）复核收款凭证“附单据”栏的张数与所附原始凭证张数是否相符。

（7）收款凭证的出纳、制证、稽核、记账和会计主管等栏目是否签名或盖章。

二、现金付款业务

企事业单位在日常经营过程中，很多业务需要以现金支付。现金的支付范围要严格按照《现金管理暂行条例》执行（参见本书项目二任务一“现金管理制度”）。

办理现金支出业务的一般程序如图 2-16 所示。

图 2-16　办理现金支出业务的一般程序

在现金支出的程序中，出纳人员的主要工作是清点报销单据，审核付款凭证及支付款项。下面主要介绍第一步和第四步。

（一）填写付款或借款凭证

企业在日常经营活动中，常有员工出差预支差旅费；零星采购预借款；员工报销差旅费、电话费、办公费、招待费；支付奖金；向个人购买农副产品等。这些业务的款项支出是需要将零星单据汇总，公司相关人员及领导审批的，因此需要一些汇总、审批单据，如借款单、付款单（请款单）、费用报销单、票据粘贴单等。

1. 借款单

员工借款有多种情况，如预借差旅费、零星采购商品借款等，需填写借款单（表 2-1）。借款单属于企业自制单据，格式没有统一规定，单位可以根据自己的需求设计，也可在办公用品商店购买。

表 2-1　借款单

年　月　日

<table>
<tr><td>借款人部门</td><td></td><td>借款人</td><td></td></tr>
<tr><td>借款金额</td><td colspan="3">大写：
小写：</td></tr>
<tr><td colspan="4">借款事由：</td></tr>
<tr><td colspan="4">备注：</td></tr>
<tr><td colspan="4">领导审核　　　　财务审核　　　　部门负责人</td></tr>
<tr><td rowspan="2">付款记录</td><td colspan="2">付款日期：　　年　月　日</td><td>付款方式：</td></tr>
<tr><td colspan="3">借款人签字：</td></tr>
</table>

借款单的填写有以下几方面内容：

（1）借款日期：填写该张借款单的日期。

（2）借款部门：填写借款人所属部门名称。

（3）借款人：填写借款人的姓名。

（4）借款事由：填写借款的具体原因。

（5）借款金额：填写借款金额，并且金额大小写要保持一致。

（6）备注：填写其他需要说明的事项。

（7）审批签字：借款单必须经过各级领导的审批签字，不能依靠口头说明。

借款时，由借款人填写借款单（不是出纳填写），并按企业相关规定办理审核审批手续，然后交由出纳付款。出纳人员收到借款人交来的借款单，应根据公司的借款制度，审核借款单是否填写完整，审批手续是否完整。

一般情况下，借款人填写完借款单后的审批手续：首先由其部门领导审核，其次交财务部门审核，最后交由总经理审核，如借款金额较小，也可由分管该部门的公司领导（副总经理）审核即可。对于部门有预算的借款项目，如果费用没有超过部门借款标准，可以不经过分管领导审核，具体执行标准要参照各公司财务制度。

出纳人员审核借款单无误后，先让借款人在借款单下的“借款人”处签字，再将借款的金额付给借款人，付款时借款人一定要当面点清款项并签字确认。之后，出纳人员在借款单上盖上“现金付讫”章，说明该款项已办理完毕，以防止重复支付。

有的企业为了更好地进行资产管理，要求出纳人员登记员工借款台账（表 2-2）。借款台账记录了借款时间、借款人姓名、借款用途、金额等信息。该台账可以清楚地反映员工借款的详细信息，能更好地管理员工的借款。

表 2-2　员工借款台账

单位：　　　　　　　　　　　　年　月　　　　　　　　　　　　单位：元

序号	姓名	所属部门	借款用途	借款日期	借款金额	还款日期	还款金额	余额	备注

制表人：

2. 付款单（请款单）

付款单或叫请款单（表 2-3）是一种授权付款的凭证，即是一种经过事前批准的反映现金支付业务的书面证明。如企业购买农产品或零星材料时，需经各级领导批准后，出纳人员凭付款单才能付款。

表 2-3　请款单

年　月　日

请款部门		请款人	
请款金额	大写： 小写：		
请款事由：			
单位名称：			
备注：			
领导审核	财务审核	部门负责人	
付款记录	付款日期：　　年　月　日 付款方式：		

付款单（请款单）的填写要求与借款单相似。其中，“单位名称”填写收款单位全称。

3. 费用报销单

报销业务是指企业在日常经营活动中发生的以报销形式结算的各种业务，如报销办公费、业务招待费、电话费、差旅费等。若员工有预借差旅费，也是通过报销的形式冲减借款。报销业务的单据是企业内部自制的凭证，格式没有统一规定，单位可以根据自己的需求设计，也可在办公用品商店购买。报销单据主要有费用报销单、差旅费报销单等，现在就依次介绍这两种单据的填制方法。

费用报销单见表2-4。

表2-4　费用报销单

年　月　日

报销部门：	姓名：					单据及附件张数：				
报销项目	摘要	金额								备注：
		十	万	千	百	十	元	角	分	
合计：（大写）										
原借款金额：		应退（补）款：								
总经理　　财务主管		部门经理								
付款日期：　年　月　日		付款方式：								
报销人签字：										

报销单一般由报销人填写，根据实际费用发生的时间、项目、金额、原始发票单据张数等填写。若报销人有预借款，应填写“原借金额及应退（补）金额”，冲销预借款。在实务中，很多企业领导报销费用可由出纳人员代为填写并办理相关手续。

差旅费报销单见表2-5。

表2-5　差旅费报销单

填报日期：　年　月　日　　　　附件　张

出差人							部门			出差事由					
出发				到达				交通工具	交通费		出差补贴		其他费用		
月	日	时	地点	月	日	时	地点		单据张数	金额	天数	金额	项目	单据张数	金额
													住宿费		
													租车费		
													其他		
合计															
报销总额	¥								预借金额				补领		
	大写：												退还		
总经理审批					财务审核					部门审核				报销人	

差旅费报销单一般由出差人填写，根据出差事由、出差期间的往返交通费、住宿费、出差当地的乘车费和出差补贴等填写。各企业都有《差旅费管理办法》，其中规定

各类职务职位的出差标准，包括交通工具乘坐标准，具体到哪类职位可乘坐飞机、动车、火车和座位等次；规定全国各省各地酒店住宿标准和金额；明确规定各类出差事由在当地的乘车标准和报销标准；规定根据企业经营情况，可自行核定出差补贴，出差补贴包括餐费补贴、出差津贴和夜间乘车补贴等。

4. 票据粘贴单（表 2-6）

表 2-6　票据粘贴单

<table>
<tr><td colspan="4">票据粘贴：

</td></tr>
<tr><td>报销人：</td><td colspan="2">报销部门：</td><td>单据张数（大写）：</td></tr>
<tr><td colspan="2">报销事由：</td><td colspan="2">卡号及开户行：</td></tr>
<tr><td colspan="3">报销金额（大写）：</td><td>报销金额（小写）：</td></tr>
<tr><td colspan="3">票据审核：</td><td>部门审核：</td></tr>
<tr><td colspan="3">财务审核：</td><td>总经理审核：</td></tr>
</table>

票据粘贴单是用来粘贴所需报销的发票单据等，各企业可自行设计票据粘贴单，也可在办公用品商店购买。

（1）票据粘贴要求如下：

①票据分类。对于集中较多的票据按照内容进行分类，如办公用品、电话费、差旅费、餐费、维修费等，按照票据类型分别粘贴，并将相同面值和相同类型的票据粘贴在一起，如：餐费发票中 200 元的放在一起，100 元的放在一起。

②准备粘贴单。

③如图 2-17 所示，将票据整理后，将胶水涂抹在票据左侧背面，沿着粘贴单左起 2～3 厘米处依次均匀排开横向梯形粘贴，应避免将票据贴出粘贴单外。不要将票据集中在粘贴纸中间粘贴，以免造成中间厚、四周薄，使凭证装订起来不整齐，达不到档案保存要求。

④如票据大小不一样，可以在同一张粘贴单上按照先大后小的顺序粘贴。

⑤票据比较多时可使用多张粘贴单。

⑥对于比粘贴单大的票据或其他附件，也应按上述办法，超出部分可以按照粘贴纸大小折叠在粘贴范围之内。

（2）票据粘贴单填写要求如下：

①应使用黑色签字笔以规范汉字填写，绝对不允许使用圆珠笔、铅笔或者红色的笔书写，并且绝对不得涂改，报销人、报销部门、报销事由等信息应如实完整填写。

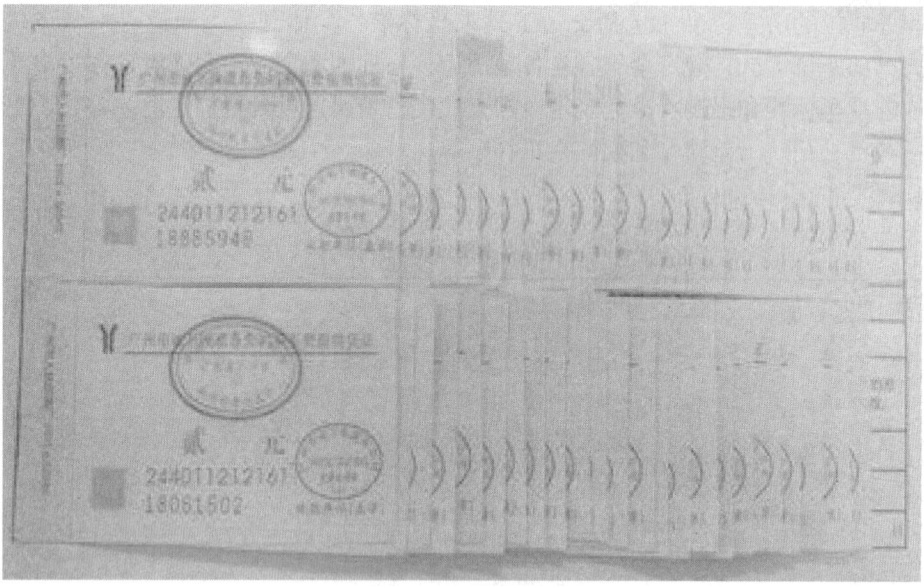

图 2-17 粘贴票据

②不要将票据倒置粘贴。

③粘贴票据涂抹适量的胶水即可，以保证长时间不脱落为准。不要用订书机、大头针等固定票据。

④单据张数：附粘贴单外的所附单据均应计入，此处用大写数字。

⑤报销金额：大写为本张费用粘贴单所贴票据合计金额的大写数字，小写为本张费用粘贴单合计金额的阿拉伯数字，金额大小写合计必须正确、一致。

⑥卡号及开户行：用于填写转账时对方单位的户名、开户行、账号等转账信息。

（二）出纳人员审核凭证及付款

1. 审核凭证

一般来说，报销单的审核手续为：先通过部门经理审核，再通过财务负责人审核，最后要通过分管领导如总经理审核。

出纳人员收到报销单时，必须核实报销单上的要素是否完整，手续是否完备，附件是否合法，金额是否准确等。出纳人员审核报销凭证具体包括以下几点。

（1）报销日期：写明填写报销单当天的日期，用小写阿拉伯数字填写即可。报销日期不能在提交报销单的日期之后，也不能在提交日期之前的太长时间。当月发票当月报销的，以报销单后附的发票最后日期为准；为了加强内部管理，一般企业规定在经济业务发生 30 日之内来进行报销。

（2）报销人：报销人的名字是否填写，并且是否填写正确。

（3）所属部门：报销人的所属部门是否填写，并且是否填写正确。

（4）审核附件：审核报销单后所附的发票必须是开给本公司的，如果不是开给本公司的发票，一律不能审批。附件是否真实合法，有没有假发票，如有假发票应退回重开，必要时可向税务机关举报。合计金额是否等于或大于报销单上的报销金额，附件日期是否合理，附件张数与填写的是否一致。附件是指报销单后所附的业务发票或证明，如购买办公用品会有商品销售发票，业务招待费有餐饮发票等。

（5）报销摘要：所报销的项目必须根据后附发票的项目填写。应按照发票实际内容填写，而不是填写会计科目，如填写餐费、住宿费、交通费、购买办公用品等，而不是直接填写差旅费。当一张报销单上费用项目很多而无法全部填列时，可以将较大金额的项目主要填列，小金额的项目合并填写。

（6）金额：金额是否填写正确，大小写金额是否一致，报销的金额不得超过附件的汇总金额，不得超过公司规定的报销标准。

（7）审批签字：报销单所附发票的金额之和如果低于报销金额，出纳人员应要求报销人补齐相关发票，否则不予报销；如果发票的汇总金额大于或等于报销金额，一般以报销单上的金额为准，予以报销。另外，报销的金额不能超过企业对各部门的报销标准，具体报销标准应参照公司的财务制度。

2. 付款盖章

出纳人员审核报销单据无误后，让报销人在报销单上的“报销人”或“领款人”处签字，然后把报销款付给报销人，报销人要当面点清款项，出纳人员最后在付完款的报销单上盖“现金付讫”章，证明报销款项支付完毕，防止重复支付，并将报销单据交由会计编制记账凭证。待记账凭证编制完毕并审核无误后，出纳人员根据记账凭证登记现金日记账。

若出纳人员收到没有按照要求完成审批手续的报销单，应不予受理。

【例 2-5】 2018 年 12 月 7 日，公司销售部员工刘祥报销业务招待费 780.00 元，并填制报销单，相关领导已审核签字，出纳人员张平审核无误后支付现金。相关单据见表 2-7、图 2-18。

表 2-7　费用报销单

2018 年 12 月 07 日

报销部门：销售部	姓名：刘祥					单据及附件张数：壹张				
报销项目	摘要	金额								备注：
		十	万	千	百	十	元	角	分	
招待费	餐饮费				7	8	0	0	0	
合计：（大写）柒佰捌拾元整				¥	7	8	0	0	0	
原借款金额：／		应退（补）款：／								
总经理：李晓成	财务主管：王兴明	部门经理：杨建国								
付款日期：2018 年 12 月 07 日		付款方式：现金付讫								
报销人签字：刘祥										

5200164130 贵州增值税专用发票 № 01274625

发票联

开票日期：2018年12月06日

购买方	名　　称：贵州经典年华服饰有限公司 纳税人识别号：1102233546889 地 址、电 话：贵州省贵阳市中华中路121号　0851-88688888 开户行及账号：中国建设银行贵阳中华路支行　5228224578698888				密码区		
货物或应税劳务、服务名称	规格型号	单位	数　量	单　价	金　额	税率	税　额
*餐饮服务*餐饮费					735.85	6%	44.15
合　　计							
价税合计（大写）	柒佰捌拾元整				（小写）￥780.00		
销售方	名　　称：贵州鸿翔酒店有限公司 纳税人识别号：1114024024032 地 址、电 话：贵州省贵阳市中山路18号 开户行及账号：中国建设银行贵阳中山路支行　5235412015426312				备注		

收款人：　　复核：　　开票人：王佳　　销售方：（章）

税总函［2016］620号中钞光华印制有限公司

第三联：发票联　购买方记账凭证

图 2-18　增值税专用发票

【例 2-6】2018 年 12 月 7 日，公司采购部员工张强出差需预借差旅费 2,500.00 元，已办妥相关手续，领导已审核签字，出纳人员张平审核无误后用现金支付。相关单据见表 2-8。

表 2-8　借款单

2018 年 12 月 07 日

借款人部门	采购部	借款人	张强
借款金额	大写：贰仟伍佰元整 小写：￥2,500.00		
借款事由：出差上海，选购面料。			
备注：			
领导审核　李晓成	财务审核　王兴明	部门负责人　陈松	
付款记录	付款日期：2018 年 12 月 07 日	付款方式：现金付讫	
	借款人签字：张强		

【例 2-7】2018 年 12 月 11 日，公司采购部员工张强从上海出差归来，报销差旅费和出差补贴共计 4,283.00 元，已填制差旅费报销单并经相关领导审批，出纳人员张平审核报销单和附件无误后，用现金补付差旅费 1,783.00 元。报销单见表 2-9，住宿费、飞机票等单据略。

表 2-9　差旅费报销单

填报日期：2018 年 12 月 11 日　　附件 12 张

出差人			张强			部门	采购部		出差事由			出差上海，选购面料			
出发				到达				交通工具	交通费		出差补贴		其他费用		
月	日	时	地点	月	日	时	地点		单据张数	金额	天数	金额	项目	单据张数	金额
12	8	9	贵阳	12	8	11	上海	飞机	1	1,100.00	4	600.00	住宿费	1	1,440.00
12	11	8	上海	12	11	10	贵阳	飞机	1	900.00			租车费	5	243.00
													其他		
合计										2,000.00		600.00	现金付讫		1,683.00
报销总额	¥4,283.00								预借金额		2,500.00		补领	1,783.00	
	大写：肆仟贰佰捌拾叁元整												退还		
总经理审批				财务审核					部门审核					报销人	
李晓成				王兴明					陈松					张强	

任务四　现金日记账

一、现金日记账概述

现金日记账是由出纳人员根据审核无误的现金收付凭证和从银行提现的银付凭证，序时逐笔登记的账簿，用来逐日反映库存现金的收入、支出及结余情况的特种日记账。为了确保账簿的安全、完整，手工现金日记账必须采用订本式账簿。其账页格式一般采用“收入”（借方）“支出”（贷方）和“余额”三栏式（表 2-10）。现金日记账通常由出纳人员根据审核后的现金收款凭证和现金付款凭证，逐日逐笔顺序登记。但由于从银行提取现金的业务只填制银行存款、付款凭证，不填制现金收款凭证，因而从银行提取现金的现金收入数额应根据有关的银行存款付款凭证登记。每日业务终了时，应计算、登记当日现金收入合计数、现金支出合计数，以及账面余额，并将现金日记账的账面余额与库存现金实有数进行核对，借以检查每日现金收入、付出和结存情况。

表 2-10　现金日记账

年		凭证编号		摘要	借方								贷方								余额							
月	日	字	号		十	万	千	百	十	元	角	分	十	万	千	百	十	元	角	分	十	万	千	百	十	元	角	分

现金日记账是各单位重要的经济档案之一，为了保证账簿使用的合法性，明确经济责任，防止舞弊行为，保证账簿资料的完整和便于查找，各单位在启用时，首先要按规定内容逐项填写“账簿启用表”和“账簿目录表”。在账簿启用交接表（表 2-11）中，应写明单位名称、账簿名称、账簿编号和启用日期；在经管人员一栏中填写相关人员姓名并由其盖章；由会计主管人员签名盖章，并加盖单位公章。在一本日记账中设置两个以上现金账户的，应在第二页账户目录表（表 2-12）中注明各账户的名称和页码，以方便登记和查核。

表 2-11　账簿启用及接交表

<table>
<tr><td colspan="2">单位名称</td><td colspan="6"></td><td colspan="5">公章</td></tr>
<tr><td colspan="2">账簿名称</td><td colspan="6"></td><td colspan="5" rowspan="4"></td></tr>
<tr><td colspan="2">账簿编号</td><td colspan="6"></td></tr>
<tr><td colspan="2">账簿页数</td><td colspan="6">本账簿共计　　页，本账簿页数
检点人盖章</td></tr>
<tr><td colspan="2">启用日期</td><td colspan="6"></td></tr>
<tr><td rowspan="3">经管人员</td><td colspan="2">单位主管</td><td colspan="2">财务主管</td><td colspan="4">复核</td><td colspan="4">记账</td></tr>
<tr><td>姓名</td><td>盖章</td><td>姓名</td><td>盖章</td><td colspan="3">姓名</td><td>盖章</td><td colspan="3">姓名</td><td>盖章</td></tr>
<tr><td></td><td></td><td></td><td></td><td colspan="3"></td><td></td><td colspan="3"></td><td></td></tr>
<tr><td rowspan="7">交接记录</td><td colspan="4">经管人员</td><td colspan="4">接管</td><td colspan="4">交出</td></tr>
<tr><td colspan="2">职别</td><td colspan="2">姓名</td><td>年</td><td>月</td><td>日</td><td>盖章</td><td>年</td><td>月</td><td>日</td><td>盖章</td></tr>
<tr><td></td><td></td><td></td><td></td><td></td><td></td><td></td><td></td><td></td><td></td><td></td><td></td></tr>
<tr><td></td><td></td><td></td><td></td><td></td><td></td><td></td><td></td><td></td><td></td><td></td><td></td></tr>
<tr><td></td><td></td><td></td><td></td><td></td><td></td><td></td><td></td><td></td><td></td><td></td><td></td></tr>
<tr><td></td><td></td><td></td><td></td><td></td><td></td><td></td><td></td><td></td><td></td><td></td><td></td></tr>
<tr><td></td><td></td><td></td><td></td><td></td><td></td><td></td><td></td><td></td><td></td><td></td><td></td></tr>
<tr><td>备注</td><td colspan="12"></td></tr>
</table>

表 2-12　账户目录表

编号	科目名称	起讫页次	编号	科目名称	起讫页次

二、现金日记账的登记

（一）现金日记账登记的要求

（1）根据复核无误的收、付款记账凭证登记账簿。出纳人员在办理现金收、付款时，应当对收款凭证和付款凭证进行仔细的复核，并以经过复核无误的收、付款记账凭证和其所附原始凭证作为登记现金日记账的依据。如果原始凭证上注明“代记账凭证”字样经有关人员签章后，也可作记账依据。

（2）所记载的内容必须与会计凭证一致，不得随便增减。每一笔账都要记明记账凭证的日期、编号、摘要、金额和对应科目等。经济业务的摘要不能过于简略，能够清楚地表述业务内容，便于事后查对。现金日记账应逐笔分行记录，不得将收款凭证和付款凭证合并登记，也不得将收款付款相抵后以差额登记。登记完毕，应当逐项复核，复核无误后在记账凭证上的“账页”一栏内做出“过账”符号“√”，表示已经登记入账。

（3）逐笔、序时登记现金日记账，做到日清月结。为了及时掌握现金收、付和结余情况，现金日记账必须当日账务当日记录，并于当日结出余额；有些现金收、付业务频繁的单位，还应随时结出余额，以掌握收、支计划的执行情况。

（4）必须连续登记，不得跳行、隔页，不得随意更换账页和撕去账页。现金日记账采用订本式账簿，其账页不得以任何理由撕去，作废的账页也应留在账簿中。在一个会计年度内，账簿尚未用完时，不得以任何借口更换账簿或重抄账页。记账时必须按页次、行次、位次顺序登记，不得跳行或隔页登记，如不慎发生跳行、隔页，应在空页或空行中间划线加以注销，或注明“此行空白”“此页空白”字样，并由记账人员盖章，以示负责。

（5）文字和数字必须整洁清晰，准确无误。在登记时，不要滥造简化字，不得使用同音异义字，应用正楷字填写；摘要文字紧靠左线；数字要写在金额栏内，不得越格错位、参差不齐；文字、数字字体大小适中，紧靠下线书写，上面要留有适当空距，一般应占格子高度的二分之一，以备按规定的方法改错。记录金额时，如没有角、分的整数，应分别在角分栏内写上“0”，不得省略不写，或以“—”号代替。阿拉伯数字一般可自左向右适当倾斜，以使账簿记录整齐、清晰。为防止字迹模糊，墨迹未干时不要翻动账页；夏天记账时，可在手臂下垫一块软质布或纸板等书写，以防汗浸。

（6）使用签字笔，以蓝、黑色墨水书写，不得使用圆珠笔（银行复写账簿除外）或铅笔书写。但按照红字冲账凭证冲销错误记录及会计制度中规定用红字登记的业务，可以用红色签字笔记账。

（7）每一账页记完后，必须按规定转页。为便于计算了解现金日记账中连续记录的累计数额，并使前后账页的合计数据相互衔接，在每一账页登记完毕结转下页时，应结出当月发生额合计数及余额，写在本页最后一行和下页第一行的有关栏内，并在摘要栏注明“过次页”和“承前页”字样。也可以在本页最后一行用铅笔标记结出发生额合计数和余额，核对无误后，用蓝、黑色墨水在下页第一行写出上页的发生额合计数及余额，在摘要栏内写上“承前页”字样，不用在本页最后一行写“过次页”的发生额和余额。

（8）现金日记账必须逐日结出余额，每月月末必须按规定结账。现金日记账不得出现贷方余额（或红字余额）。

（9）记录发生错误时，必须按规定方法更正。为了提供在法律上有证明效力的核算资料，保证现金日记账的合法性，账簿记录不得随意涂改，严禁刮、擦、挖、补或使用化学药物清除字迹。如发现差错，必须根据差错的具体情况采用划线更正法、红字更正法、补充登记法等方法更正。

①划线更正法。在错记的文字或者本组数字上画一条红色直线，在其上方用黑色或蓝色笔写明正确的内容，并加盖更正人的个人印章，以对错误进行纠正。该方法适用于结账前，发现账页登记有误，但记账凭证无误。出纳人员在登记现金日记账时，填写的文字、数字不能超过行高的二分之一，以备登记错误时可以进行修改操作。

②红字更正法。红字更正法适用于登记账簿后，发现账页和凭证多记金额或者记账方向写错。

③补充登记法。将少计的金额另行填写一张记账凭证进行补记，以对错误进行纠正，就是补充登记法。补充登记法用于登记账簿后发现账页或者凭证少记金额。

（二）现金日记账的登记方法

为了使现金日记账的账面记录完整准确，使其与有关的账目、款项相符，出纳人员在收、付现金以后，要及时记账，并且要按照一定的程序进行对账。登记现金日记账时，除了遵循账簿登记的基本要求外，还应注意以下栏目的填写方法。

（1）日期：该栏中填入的应为据以登记账簿的会计凭证上的日期，现金日记账一般依据记账凭证登记，因此，此处日期为编制该记账凭证的日期。不能填写原始凭证上记载的发生或完成该经济业务的日期，也不是实际登记该账簿的日期。

（2）凭证编号：该栏中应填入据以登账的会计凭证类型及编号，如企业采用通用凭证格式，根据记账凭证登记现金日记账时，填入“记×号”；企业采用专用凭证格式，根据现金收款凭证登记现金日记账时，填入“收×号”；根据现金付款凭证登记现金日记账时，填入“付×号”。

（3）摘要：该栏简要说明入账的经济业务的内容，力求简明扼要。

（4）借方、贷方金额：应根据相关凭证中记录的“库存现金”科目的借贷方向及金额记入。

（5）余额：应根据“本行余额＝上行余额＋本行借方－本行贷方”公式计算填入。

在正常情况下，“库存现金”账户不允许出现贷方余额，因此，现金日记账余额栏前没有借贷方向，其余额方向默认为借方。若在登记现金日记账过程中，由于登账顺序等特殊原因出现了贷方余额，则在余额栏用红字登记，表示贷方余额。

三、现金日记账的核对

对账是对账簿记录的内容进行核对，做到账证、账账和账实相符的过程。现金日记的账证核对，主要是指现金日记账的记录与有关的收、付款凭证进行核对。账账核对是指现金日记账与现金总分类账的期末余额进行核对。账实核对则是指现金日记账的余额与实际库存数额的核对。

（1）现金日记账与现金收付款凭证核对。收付款凭证是登记现金日记账的依据，具体操作方法如下：账目和凭证应该是完全一致的。但是，在记账过程中，由于工作粗心等原因，往往会发生重记、漏记、记错方向或记错数字等情况。账证核对要按照业务发生的先后顺序一笔笔地进行。检查的项目主要是核对凭证编号；复查记账凭证与原始凭证，看两者是否完全相符；查对账证金额与方向的一致性。检查中如发现差错，要立即按规定方法更正，确保账证完全一致。

（2）现金日记账与现金总分类账核对。现金日记账是根据收、付款凭证逐笔登记的，现金总分类账是根据收、付款凭证汇总登记的，记账的依据是相同的，记录的结果应该完全一致。但是，由于两种账簿是由不同人员分别记账，而且总账一般是汇总登记的，在汇总和登记过程中，都有可能发生差错；现金日记账是一笔一笔登记的，记录的次数很多，也难免发生差错。因此，出纳人员应定期出具“出纳报告单”与总账会计进行核对。平时要经常核对两账的余额，每月终了结账后，总分类账各个科目的借方发生额、贷方发生额和余额都已试算平衡，一定要将总分类账中现金本月借方发生额、贷方发生额以及月末余额分别同现金日记账的本月收入（借方）合计数、本月支出（贷方）合计数和余额相互核对，查看账账之间是否完全相符。如果不符，应先查出差错出在哪一方，如果借方发生额出现差错，应查找现金收款凭证、银行存款付款凭证（提取现金业务）和现金收入一方的账目；反之，则应查找现金付款凭证和现金付出一方的账目。找出错误后应立即按规定的方法加以更正，做到账账相符。

（3）现金日记账与库存现金核对。出纳人员在每天业务终了以后，应自行清查账款是否相符。先结出当天现金日记账的账面余额，再盘点库存现金的实有数，看两者是否完全相符。在实际工作中，凡是有当天来不及登记的现金收、付款凭证的，均应按“库存现金实有数＋未记账的付款凭证金额－未记账的收款凭证金额＝现金日记账账存余额”的公式进行核对。反复核对仍不相符的，即说明当天日记账或实际现金收付有误。在这种情况下，出纳人员一方面应向会计负责人报告，另一方面应对当天办理的收、付款业务逐笔回忆，争取尽快找出差错的原因。

【例 2-8】贵州经典年华服饰有限公司 2018 年 12 月“库存现金”账户期初余额是 3,600.00 元。2018 年 1 月至 11 月库存现金账户累计发生额：借方，854,004.00 元；贷方，850,404.00 元。请根据本月发生业务填制现金日记账。业务如下：

（1）1 日，收到销售货款 6,000.00 元。

（2）1 日，将销售货款 6,000.00 元存入银行。

（3）5 日，从银行提取现金 50,000.00 元以备发放工资。

（4）5 日，发放员工工资，共计 49,886.00 元。

（5）10 日，采购部员工张强出差需预借差旅费 2,500.00 元。

（6）11 日，销售部李明出差回来收到多余款项 380.00 元。

（7）14 日，签发现金支票，提取现金 4,000.00 元备用。

（8）15 日，销售部员工刘祥报销业务招待费 780.00 元。

（9）17 日，采购部员工张强出差归来，报销差旅费和出差补贴共计 4,283.00 元，用现金补付差旅费 1,783.00 元

（10）22 日，经批准，发放员工奖金 2,000.00 元。

（11）25 日，支付管理部门购买办公用品费 300 元。

现金日记账见表 2-13。

表 2-13　现金日记账

2018年		凭证		摘要	借方								贷方								余额							
月	日	字	号		十	万	千	百	十	元	角	分	十	万	千	百	十	元	角	分	十	万	千	百	十	元	角	分
12	1			期初余额																			3	6	0	0	0	0
12	1			收销货款			6	0	0	0	0	0											9	6	0	0	0	0
12	1			销货款存入银行											6	0	0	0	0	0			3	6	0	0	0	0
12	5			银行提取现金		5	0	0	0	0	0	0										5	3	6	0	0	0	0
12	5			发放工资										4	9	8	8	6	0	0			3	7	1	4	0	0
12	10			张强预借差旅费											2	5	0	0	0	0			1	2	1	4	0	0
12	11			李明退回预借款				3	8	0	0	0											1	5	9	4	0	0
12	14			银行提取现金			4	0	0	0	0	0											5	5	9	4	0	0
12	15			支付招待费												7	8	0	0	0			4	8	1	4	0	0
12	17			补付差旅费											1	7	8	3	0	0			3	0	3	1	0	0
12	22			发放奖金											2	0	0	0	0	0			1	0	3	1	0	0
12	25			支付办公费												3	0	0	0	0				7	3	1	0	0
				本月合计		6	0	3	8	0	0	0		6	3	2	4	9	0	0				7	3	1	0	0
				本年累计	9	1	4	3	8	4	0	0	9	1	3	6	5	3	0	0				7	3	1	0	0
				结转下年																				7	3	1	0	0

任务五　现金清查

一、库存现金清查概述

为了保证货币资金的安全和完整、保证账实相符，防止现金发生差错、丢失、贪污等，各单位应经常对库存现金进行核对清查。库存现金的清查包括两种情况：一是出纳人员每日清点库存现金实有数，并与现金日记账结余数核对；二是由清查小组对库存现金进行定期和不定期清查。

（一）库存现金清查的基本方法

现金清查的基本方法是实地盘点库存现金的实存数，再与现金日记账的余额进行核对，看是否相符。单位的清查小组一般由单位有关领导和专业人员组成清查小组，定期或不定期地对库存现金进行清查盘点。清查现金时，应注意以下几个方面：

（1）以个人、单位名义借款或取款而没有按手续编制凭证的字条（白条），不得充抵现金。

（2）代私人存放的现金等，如事先未做声明又无充分证明的，应暂时封存。

（3）如发现私设的“小金库”，应视作溢余，另行登记，等候处理。

（4）如果是清查小组对现金进行清点，一般都采用突击盘点，不得预先通知出纳人员，以防预先做手脚。盘点时间最好在一天业务没有开始之前或一天业务结束后，由出纳人员将截止清查时现金收付款项全部登记入账，并结出账面余额，这样可以避免干扰正常的业务。

（5）清查时，出纳人员应始终在场提供情况，积极配合，清查后，应由清查人员填制“现金盘点表”，列明现金账存、实存和差异的金额及原因，并及时上报有关负责人。

（6）现金清查中，如果发现账实不符，应立即查找原因，及时更正，不得以今日长款弥补他日短款。

库存现金盘点表（表 2-14）不得由出纳人员填写，应由现金清查人员填写。

表 2-14　库存现金盘点表

单位：　　　　　　　　　　　　　　　　　　　　　　　盘点日期：　　年　月　日

项目	金额	库存现金盘点记录		
		票面	张（枚）数	金额
现金日记账账面余额				
加：盘点日未入账现金收入		100.00		
减：盘点日未入账现金支出		50.00		
调整后日记账账面余额		20.00		
		10.00		
		5.00		
		1.00		
		0.50		
		0.10		
合计		合计		
盘点记录：				

财务主管：　　　　　　监盘人：　　　　　　出纳：　　　　　　制表人：

库存现金盘点包括如下内容。

（1）单位：填写本单位名称。

（2）盘点日期：填写盘点当天日期。

（3）库存现金盘点记录：按票面面额来盘点，盘点结束后填写所盘币种票面金额的张数和金额。

（4）合计：按币种来合计金额。

（5）现金日记账账面余额：现金日记账在盘点时的余额，如果是月底盘点，则是当月最后一笔业务的余额。

（6）盘点日未入账现金收入：收到现金和收到收入凭证，但盘点时还未登记现金日记账，或已经盘点过后才收到收入凭证，还没来得及登记现金日记账。

（7）盘点日未入账现金支出：付出现金和收到付出凭证，但盘点时还未登记现金日记账，或已经盘点过后才收到付出凭证，还没来得及登记现金日记账。

（8）调整后日记账账面余额＝现金日记账账面余额＋盘点日未入账现金收入－盘点日未入账现金支出。

（9）盘点记录：可填写实际盘点与调整后账面差额。如有差异，将处理意见写明。

填写完库存现金盘点表之后，出纳人员、监盘人员及财务主管均要在表上签字确认。库存现金盘点表一式三份，出纳人员和监盘人员及财务主管各留一份。

注意：库存现金盘点表的格式有很多种，具体可根据公司的规定编制。

（二）库存现金差错的查找方法

在对账过程中，可能发生各种各样的差错。产生差错的原因可能是重记、漏记、数字颠倒、数字错位、数字记错、科目记错、借贷方向记反，从而影响会计信息的准确性。如发现差错，会计人员应及时查找并予以更正。现介绍四种差错查找方法。

1. 除二法

除二法亦称“除二查对法”，是审查、查找会计记账方向发生错误的一种方法。在复式账目中，双方数字不平衡，则可能是由于记账方向相反造成的。这样就出现了双方相差1倍数字的现象。在查找过程中，可以根据错账的差数，用“2”去除，将得出的商数在凭证和账簿中进行对照、查找相同的数字，便有可能发现发生错误的原因。如错误差数是奇数，那就没有记账反向的可能，就不适合用除二法来查。

2. 除九法

除九法亦称“除九查对法”，是审查和查找会计记账数字顺序错位或数字前后颠倒所发生错误的方法。顺序错位是指数字写错位数，如40写成了400，这就使原数字被增大了9倍，如用9去除这个被增大的差数，就可以得到原来正确的数字。

（1）在登账过程中可能会把数字的位数搞错，如十位数记成百位数，而百位数记成千位数或者把千位数记成百位数。如果出现这种情况，差数均可被9整除，其商数就是要查找的差错数。

如果是大数记成了小数，如52,830误记成是5,283，差数47,547，除以9后，商为5,283，就可以在账簿上查找是否将52,830误记为5,283；如果是小数记成了大数，如420误记成4,200，差数为3,780，除以9后，商为420，将420乘10后得4,200，就可以在账簿中查找是否将 420 误记为 4,200。

（2）邻数倒置。如果记账时，出现将相邻两位数或三位数的数字顺序颠倒的错误，可采用“除九法”查找错误。如将 52 误记为 25，或将 25 误记为 52，两个数字颠倒后，个位数变成了十位数，十位数变成了个位数，这就造成了差额为 9 的倍数。如果前大后小颠倒的前小后大，正确与错误的数的差额就是一个正数，这个差数除以 9 所得商的有效数字便是相邻颠倒两数的差值。如将 52 错记为 25，差数 27 除以 9 的商数为 3，这就是相邻颠倒两数的差值（5—2）。如果前小后大颠倒的前大后小，正确数与错误数的差数则是一个负数，这个差数除以 9 所得商数的有效数字就是相邻颠倒两数的差值，如将 25 错误记为 52，差记数—27 除以 9 的商为—3，这就是相邻颠倒两数差值（2—5）。我们可以从与差值相同的两个相邻数范围内去查找错误。

（3）差数法。差数法是指运用差数的方向、金额的规律去查找错账的方法。差数法是查找遗漏记账和重复记账的有效方法。例如，记账过程中只登记了会计分录的借方或贷方，漏记了另一方，从而形成试算平衡表中借方合计与贷方合计不等的情况。其表现形式：借方金额遗漏，会使该金额在贷方超出；贷方金额遗漏，会使该金额在借方超出。对于这样的差错，可由会计人员通过回忆和相关金额的记账核对来查找。

（4）尾数法。尾数法对于发生的角、分差错，可以只查找小数部分，以提高查错的效率。例如，试算平衡时，发现借方的合计比贷方多 0.54 元，可查找是否有尾数是 0.54 元的业务有误的情况。如果用上述方法检查均未发现错误，而对账结果又确实不符，还可以采用顺查、逆查、抽查等方法检查是否有漏记和重记等现象。顺查是指按账务处理的顺序，从凭证开始到账簿记录最后一笔业务，从头到尾进行普遍核对。逆查法是指与账务处理顺序相反，从尾到头的检查方法。抽查法是指抽取账簿记录中某些局部进行检查的方法。

如果发现差错的数字只是角位、分位，或者只是整数，就可以缩小查找范围，专门检查角位、分位或整数位的数字，其他数字则不必一一检查。

采用上述方法进行检查后，如果查出是账簿登记错误，应按规定的更正方法进行更正。如差错确实不属于账簿登记、计算等问题，应及时向有关负责人汇报，同时认真回忆发生的经济业务，仔细检查办理的每一张收、付款凭证，分析差额产生的原因，在确认长短款数额后，应做出书面记录，并在账面反映出来。

需要特别说明的是：对短少的现金，出纳人员不得私自贴补，以掩盖错误：对长余现金，出纳人员也不得私自提走。确实无法查明原因的，要按错款处理上报审批。

【例 2-9】2018 年 12 月 15 日，公司组织清查小组对库存现金进行突击盘点，财务主管王兴明为清查小组组长兼任监盘人，会计吴浩为盘点人。经人工和点钞机清点后，确定库存现金数量：100 元面值的有 46 张；50 元面值的有 3 张；20 元面值的有 1 张；10 元面值的有 3 张；5 元面值的有 1 张；1 元面值的有 8 张；0.5 元面值的有 2 张；在盘点日当天库存现金日记账账面余额为 4,814.00 元。请根据资料填制“库存现金盘点表”。

库存现金盘点表见表 2-15。

表 2-15 库存现金盘点表

单位： 贵州经典年华服饰有限公司 盘点日期：2018 年 12 月 15 日

项目	金额	库存现金盘点记录		
		票面	张（枚）数	金额
现金日记账账面余额	4,814.00			
加：盘点日未入账现金收入		100.00	46	4,600.00
减：盘点日未入账现金支出		50.00	3	150.00
调整后日记账账面余额		20.00	1	20.00
		10.00	3	30.00
		5.00	1	5.00
		1.00	8	8.00
		0.50	2	1.00
		0.10		
合计	4,814.00	合计		4,814.00
盘点记录： 经盘点，账实相符				

财务主管：王兴明 监盘人：王兴明 出纳：张平 制表人：吴浩

二、库存现金清查结果处理

库存现金清查后，应根据清查结果填制库存现金盘点表。库存现金清查的结果有三种情况：

一是现金实存数等于账存数，账实相符；二是现金实存数大于账存数，称为现金长款，也叫盘盈；三是现金实存数小于账存数，称为现金短款，也叫盘亏。

库存现金清查结果的处理有两种：

1. 审批前的处理

（1）库存现金清查结束后，企业根据“库存现金盘点表”已经查实的数据资料，编制记账凭证，记入有关账簿，使账簿记录与实际盘存数相符。

（2）在做好账簿调整工作后，同时根据企业的管理权限，将库存现金清查结果及处理建议报送股东大会或董事会、或经理会议、或类似机构批准。

（3）对于应收而收不回来的应收款项，应付而无法支付的应付款项，批准前不做账簿记录。为了反映财产清查的盘盈和盘亏情况，企业会计上应设置“待处理财产损溢”账户核算。

2. 审批后的处理

在财产清查结果及处理意见报送股东大会或董事会、或经理会议、或类似机构批准后，根据上述机构的审批意见，应进行差异处理，调整账项。

实训二　做中学　学中做

一、单项选择题

1. 现金是由（　　）经管的。

A. 单位负责人　　B. 总会计师　　C. 出纳人员　　D. 会计人员

2. 企业流动性最强的资产是（　　）。

A. 货币资金　　B. 应收账款　　C. 应收票据　　D. 短期借款

3. 下列说法不正确的是（　　）。

A. 现金是流动性最强的一种货币资金

B. 企业收入现金应于当日送存开户银行

C. 企业收入现金必须当日送存开户银行

D. 企业可将现金收入直接用于现金支出

4. 增值税发票应当加盖的印章是（　　）。

A. 财务专用章　　B. 发票专用章　　C. 公章　　D. 法人章

5. 出纳人员在办理收款或付款后，要在（　　）上加盖“收讫”或“付讫”戳记，应避免重收或重付。

A. 原始凭证　　B. 记账凭证　　C. 付款凭证　　D. 收款凭证

6. 某企业地处市区，每天需要日常零星开支 1,500.00 元，企业库存现金留存的最高额度为（　　）元。

A. 1,500　　B. 3,000　　C. 7,500　　D. 10,000

7. 库存现金限额由（　　）核定。

A. 企业　　B. 企业与银行　　C. 银行　　D. 不用核定

8. 根据现金收支日常管理的有关规定，下列说法正确的是（　　）。

A. 企业支付现金时，可以从本单位的现金收入中直接支付

B. 企业可用“白条顶库”，但最长时间不得超过 1 个月

C. 企业可用“白条顶库”，但最长时间不得超过 1 天

D. 企业现金收入应于当日送存开户银行，当日送存有困难的，由开户银行确定送存时间

9. 下列项目中，不允许使用现金的是（　　）。

A. 支付职工工资　　B. 向农民收购农副产品

C. 职工预借差旅费　　D. 购买机器设备

10. 结算起点定为（　　）元。

A. 1,000　　B. 100　　C. 10,000　　D. 2,000

11. 根据《支付结算办法》的规定，支票的提示付款期限是（　　）。

A. 自出票之日起 7 日　　B. 自出票之日起 10 日

C. 自出票之日起 20 日　　D. 自出票之日起 1 个月

12. 某出票人于 2019 年 10 月 15 日签发一张现金支票。根据《支付结算办法》的规定，对该支票“出票日期”的下列填法中，符合规定的是（　　）。

A. 贰零壹玖年零壹拾月拾伍日　　B. 贰零壹玖年零拾月零拾伍日

C. 贰零壹玖年壹拾月拾伍日　　D. 贰零壹玖年壹拾月壹拾伍日

13. 下列不可能成为现金支出的原始凭证的是（　　）。

A. 请款单　　B. 工资表　　C. 报销单　　D. 银行汇票

14. 企业发生日常费用开支后，由经办人员填写（　　），持相关发票等单据，经主管领导审批、会计审核后到出纳人员处报销。

A. 费用报销单　　B. 收据　　C. 缴款单　　D. 进账单

15. 出纳人员支付现金后，应在审核无误的支出凭证上加盖（　　）。

A. 财务专用章　　B. 企业法人章　　C. 现金收讫章　　D. 现金付讫章

16. 对库存现金进行清查的目的是做到（　　）。

A. 账账相符　　B. 账证相符　　C. 账实相符　　D. 账表相符

17. 库存现金的长款是指（　　）。

A. 账存数大于实存数　　B. 实存数大于账存数

C. 由于记账差错多记的金额　　D. 由于记账差错少记的金额

18. 库存现金清查一般采用的方法是（　　）。

A. 函证查询　　B. 实地盘点　　C. 抽样检验　　D. 技术推测算法

19. 库存现金清查盘点时，（　　）必须在场。

A. 出纳人员　　B. 记账人员　　C. 单位领导　　D. 会计主管

20. 库存现金盘点表是调整库存现金账簿记录的（　　）。

A. 累计凭证　　B. 一次凭证　　C. 记账凭证　　D. 自制原始凭证

21. 对库存现金进行清查后编制记账凭证的依据是（　　）。

A. 现金日记账　　B. 库存现金盘点报告单

C. 银行存款日记账　　D. 银行对账单

22. 库存现金的长款无法查明原因时应记入（　　）账户。

A. “管理费用”　　B. “其他应收款”

C. “财务费用”　　D. “营业外收入”

23. 对于有待查明原因的现金长款或短款，应先通过（　　）科目核算。

A. “其他应收款”　　B. “其他应付款

C. “待处理财产损溢”　　D. “管理费用”

24. “待处理财产损溢”科目的借方余额表示（　　）。

A. 尚待处理的盘盈数　　B. 尚待处理的盘亏和毁损数

C. 已批准处理的盘盈数　　D. 已批准处理的盘亏和毁损数

25. 发生库存现金短款，无法查明原因时，应通过（　　）科目进行调整核销。

A. “其他应收款”　　B. “其他应付款”

C. “管理费用”　　D. “营业外支出”

二、多项选择题

1. 现金收入不包括（　　）。

A. 转账支票结算取得的销售收入　　B. 销售商品取得的现金收入

C. 提供劳务取得的现金收入　　D. 收到商业汇票取得的收入

2. 现金收入业务的程序一般为（　　）

A. 复核现金收入来源

B. 复核现金收款凭证，即复核现金收入的合法性、真实性和准确性

C. 当面清点现金并复点，妥善保管好现金

D. 开具收款收据并加盖“现金收讫”章和人名章

E. 根据现金收款凭证登记现金日记账

3. 下列各项中可用现金支付的是（　　）。

A. 购买办公用品 500 元　　B. 向员工发放奖金 5,000 元

C. 采购员预借差旅费 4,000 元　　D. 向农民收购农产品 3,000 元

4. 填写现金支票时，在正联的背面应加盖（　　）。

A. 企业公章　　B. 企业财务专用章

C. 法人代表人印章　　D. 出纳人名章

5. 费用报销单上的签字人有（　　）。

A. 经办人　　B. 出纳人员　　C. 部门经理　　D. 总经理

6. 以下凭证可以作为现金收付款原始凭证的有（　　）。

A. 现金支票存根　　B. 未经批准的职工借款单

C. 财务部门开具的小额销货发票记账联　D. 银行缴款单回执联

7. 职工报销费用时，出纳人员应审核现金支出凭证及所附发票等单据。主要审核的内容有（　　）。

A. 费用发生的时间　B. 票据张数　　C. 票据金额　　D. 相关领导签章

E. 经办人签章

8. 据以登记库存现金日记账的记账凭证包括（　　）。

A. 现金付款凭证　　B. 现金收款凭证

C. 转账凭证　　D. 银行存款付款凭证

9. 出纳人员每日业务终了对现金进行清点属于（　　）。

A. 全面清查　　B. 局部清查　　C. 不定期清查　　D. 定期清查

10. 定期清查一般是在（　　）。

A. 季度终了时　　B. 年度终了时　　C. 单位撤销时　　D. 月末结账时

E. 更换现金保管人员时

11. 财产清查按照清查的时间可分为（　　）。

A. 全面清查　　B. 局部清查　　C. 定期清查　　D. 不定期清查

E. 内部清查

12. 在对库存现金盘亏进行转销时，应查明原因，可能记入（　　）科目。

A. “其他应收款”　　B. “其他应付款”

C. “营业外支出”　　D. “管理费用”

13. 对发生的库存现金长款，待查明原因后，可能记入（　　）科目。

A. “库存现金”　　B. “其他应付款”

C. “营业外收入”　　D. “管理费用”

三、判断题

1. 现金收入业务是各企业在其生产经营和非生产经营活动中取得现金的业务。 （ ）

2. 收款收据一般用于单位内部职能部门或职工之间的现金往来，由各单位根据自己的需要设计印刷或购买。 （ ）

3. 企业收取与经营活动无关发生的现金收入可以不用入账，可将现金单独存入保险柜保管以便使用。 （ ）

4. 企业当日收入现金 1,000 元，可以将其中的 800 元直接支付当日的零星支出。 （ ）

5. 出纳人员应该在每日营业结束后，结出库存现金日记账的收支和结余额，清点库存现金实有数，相互核对。 （ ）

6. 根据《现金管理暂行条例》的要求，结算起点为 1,000 元以下。 （ ）

7. 企业从开户银行提取现金，应当写明用途，由本单位负责人签字盖章，经开户银行审核后予以支付现金。 （ ）

8. 支票的提示付款期限为自出票之日起 2 个月。 （ ）

9. 支出证明单主要用于企业内部或与外单位付款业务中因某些原因未能取得对方开来的发票或收据，用此单来证明经济业务的实际发生。 （ ）

10. 企业职工采购办公用品支出，可以仅凭报销单报销领款。 （ ）

11. 企业在无法取得发票时，可以用费用报销单作为支付现金的原始凭证。 （ ）

12. 对库存现金的清查主要采用实地盘点的方法。 （ ）

13. 在清查库存现金时，出纳人员可以不在场。 （ ）

14. 清查库存现金时，如果账款相符，可以不填制库存现金盘点表。 （ ）

15. 清查库存现金时，发现白条，只要能说清情况，不算违纪。 （ ）

16. 进行库存现金清查时，如发现账面余额数小于实际盘存数，即为盘亏。 （ ）

17. 发生库存现金长款，无法查明原因的，应通过“管理费用”科目进行核销。 （ ）

18. 发生库存现金短缺，如属于应由责任人的部分，借记“其他应收款——×责任人”或“库存现金”科目。 （ ）

19. 发生库存现金短缺，待查明原因后，属于应由保险公司赔偿的部分，借记“其他应收款——应收保险赔款”。 （ ）

20. 发生库存现金长款，待查明原因后，属于应支付给有关人员或单位的，贷记“其他应付款——××个人或单位”。 （ ）

四、实操题

贵州经典年华服饰有限公司 2018 年 11 月发生以下业务，请根据各个业务要求完成原始凭证的填制及签章，同时根据所有业务中涉及现金收付款的经济业务，逐日逐笔登记现金日记账。

资料：

1. 公司基本情况

企业名称：贵州经典年华服饰有限公司。

企业地址：贵州省贵阳市中华中路 121 号。

法人代表：李晓成。

联系电话：0851-88688888。

税务登记号：1102233546889。

开户银行：中国建设银行贵阳中华路支行。

银行账号：5228224578698888。

会计主管：王兴明。

会计：吴浩。

出纳：张平。

印鉴保管：吴浩负责保管财务专用章，张平负责保管法人代表名章。

销售部主管：杨建国。

采购部主管：陈松。

2. 企业每天需要日常零星开支 1,500.00 元。

3. 2018 年 10 月现金日记账期末余额为 3,200.00 元。

业务一　1 日，出纳人员张平准备从银行提取备用金 4,300.00 元，补足库存现金限额。请填写表 2-16～表 2-18。假设使用支付密码器生成的密码为 4897-5971-2715-5741。

表 2-16　现金支票使用记录表

日期	使用支票号码	收款单位	用途	金额	领用人签字

表 2-17　现金支票（1）

<table>
<tr>
<td>
中国建设银行
现金支票存根
52010121
09452101
附加信息

出票日期　年　月　日
收款人：
金额：
用途：
单位主管　　会计
</td>
<td>
中国建设银行现金支票　52010121　09452101
出票日期（大写）　年　月　日
付款行名称：中国建设银行贵阳中华路支行
收款人：　出票人账号：5228224578698888
<table>
<tr><td rowspan="2">人民币
（大写）</td><td>亿</td><td>千</td><td>百</td><td>十</td><td>万</td><td>千</td><td>百</td><td>十</td><td>元</td><td>角</td><td>分</td></tr>
<tr><td></td><td></td><td></td><td></td><td></td><td></td><td></td><td></td><td></td><td></td><td></td></tr>
</table>
用途＿＿＿＿＿＿　密码＿＿＿＿＿＿
上列款项请从
我账户内支付
出票人签章　　复核　　记账
</td>
</tr>
</table>

表 2-18　现金支票（2）

<table>
<tr><td rowspan="3">附加信息：</td><td>收款人签章
年　月　日</td><td rowspan="3">贴粘单处</td></tr>
<tr><td>身份证名称：　　　　发证机关：</td></tr>
<tr><td>号码</td></tr>
</table>

业务二　2 日，销售部主管杨建国借款 2,000.00 元现金，用于招待公司来访客人。借款单由杨建国填写，假设各部门领导已经签字，出纳人员张平审核借款单无误后支付现金。销售部主管杨建国之前无借款，请完整填写借款单（表 2-19）和员工借款台账（表 2-20）。

表 2-19　借款单

年　月　日

<table>
<tr><td>借款人部门</td><td></td><td>借款人</td><td></td></tr>
<tr><td>借款金额</td><td colspan="3">大写：
小写：</td></tr>
<tr><td colspan="4">借款事由：</td></tr>
<tr><td colspan="4">备注：</td></tr>
<tr><td colspan="4">领导审核　　　　财务审核　　　　部门负责人</td></tr>
<tr><td rowspan="2">付款记录</td><td colspan="2">付款日期：　年　月　日</td><td>付款方式：</td></tr>
<tr><td colspan="3">借款人签字：</td></tr>
</table>

表 2-20　员工借款台账

单位：　　　　年　月　　　　单位：元

序号	姓名	所属部门	借款用途	借款日期	借款金额	还款日期	还款金额	余额	备注

制表人：

业务三　6 日，因生产需求，需从广州购进原材料，采购部员工王凯负责此项工作，因此需预借差旅费 2,500.00 元。借款单由王凯填写，各部门领导已经签字，出纳人员张平审核借款单无误后支付现金。王凯之前无借款，请完整填写借款单（表 2-21）

和员工借款台账（表 2-22）。

表 2-21　借款单

年　月　日

借款人部门		借款人	
借款金额	大写： 小写：		
借款事由：			
备注：			
领导审核	财务审核	部门负责人	
付款记录	付款日期：　年　月　日	付款方式：	
	借款人签字：		

表 2-22　员工借款台账

单位：　　　　　　年　月　　　　　　单位：元

序号	姓名	所属部门	借款用途	借款日期	借款金额	还款日期	还款金额	余额	备注

制表人：

业务四　7 日，销售部主管杨建国报销业务招待费 1,780.00 元，已填制费用报销单，相关领导已签字审批，多余款项已用现金退回。请根据增值税发票（图 2-19）填写费用报销单（表 2-23），补充员工借款台账（表 2-20）和填写收款收据（表 2-24）。

5200164130　　贵州增值税专用发票　　№ 01274625

发票联

开票日期：2018年11月06日

购买方	名称：贵州经典年华服饰有限公司 纳税人识别号：1102233546889 地址、电话：贵州省贵阳市中华中路121号　0851-88688888 开户行及账号：中国建设银行贵阳中华路支行　5228224578698888	密码区					
货物或应税劳务、服务名称	规格型号	单位	数量	单价	金额	税率	税额
*餐饮服务*餐饮费					1679.25	6%	100.75
合计							
价税合计（大写）	壹仟柒佰捌拾元整				（小写）¥1780.00		
销售方	名称：贵州鸿翔酒店有限公司 纳税人识别号：1114024024032 地址、电话：贵州省贵阳市中山路18号 开户行及账号：中国建设银行贵阳中山路支行　5235412015426312	备注					

收款人：　　复核：　　开票人：王佳　　销售方：（章）

税总函〔2016〕620号中钞光华印制有限公司

第三联：发票联　购买方记账凭证

图 2-19　增值税发票

表 2-23　费用报销单

年　月　日

报销部门：		姓名：								单据及附件张数：
报销项目	摘要	金额								备注：
		十	万	千	百	十	元	角	分	
合计：（大写）										
原借款金额：		应退（补）款：								
总经理　　　　财务主管		部门经理								
付款日期：　　年　月　日		付款方式：								
报销人签字：										

表 2-24　收款收据

年　月　日　　　　No：0021121

今收到
交来款
人民币（大写）
¥
备注：

第一联　存根联

主管会计　　　　出纳　　　　经手人

业务五　10 日，公司管理部门购买一批打印纸，需支付货款 750.00 元，管理部门员工陈红填制请款单，申请用现金支付此笔款项，相关领导已签字审批。出纳人员张平审核请款单及发票无误后，已用现金支付。请根据增值税专用发票（图 2-20）填写请款单（表 2-25）及签章。

5200164130　　贵州增值税专用发票　　№ 01274625

发票联

全国统一发票监制章 贵州 国家税务总局监制

开票日期：2018年11月10日

税总函［2016］620号中钞光华印制有限公司

购买方	名　　称：贵州经典年华服饰有限公司 纳税人识别号：1102233546889 地址、电话：贵州省贵阳市中华中路121号　0851-88688888 开户行及账号：中国建设银行贵阳中华路支行　5228224578698888				密码区			
货物或应税劳务、服务名称		规格型号	单位	数量	单价	金额	税率	税额
*纸制品*办公用品			箱	5	129.31	646.55	16%	103.45
合　　计								
价税合计（大写）	柒佰伍拾元整				（小写）¥750.00			
销售方	名　　称：贵阳文翰办公用品有限公司 纳税人识别号：122547895741552 地址、电话：贵阳瑞金北路278号　0851-87425411 开户行及账号：				备注	贵阳文翰办公用品有限公司 122547895741552 发票专用章		

收款人：　　复核：　　开票人：陈琴　　销售方：（章）

第三联：发票联　购买方记账凭证

图 2-20　增值税专用发票

表 2-25　请款单

年　月　日

请款部门		请款人	
请款金额	大写： 小写：		
请款事由：			
单位名称：			
备注：			
领导审核	财务审核	部门负责人	
付款记录	付款日期：　　年　月　日 付款方式：		

业务六　12 日，采购部员工王凯从广州出差归来，报销差旅费，费用明细如下：

（1）出差时间为 2018 年 11 月 7 日至 11 月 11 日。

（2）乘坐动车往返，单程票价为 276.00 元。

（3）广州市内出租车票 5 张，共计 191.00 元。

（4）住宿费发票 1 张，共计 1,360.00 元。

（5）单位出差补助为 120 元/天。

要求：（1）根据以上资料帮助王凯填写一张差旅费报销单（表 2-26）。

（2）补充员工借款台账（表 2-22）。

（3）假设相关领导已签字审批，用现金支付剩余款项，并在差旅费报销单上签章。

表 2-26 差旅费报销单

填报日期： 年 月 日 附件 张

出差人						部门					出差事由				
出发				到达				交通工具	交通费		出差补贴		其他费用		
月	日	时	地点	月	日	时	地点		单据张数	金额	天数	金额	项目	单据张数	金额
													住宿费		
													租车费		
													其他		
合计															
报销总额	¥								预借金额				补领		
	大写：												退还		
总经理审批				财务审核					部门审核					报销人	

业务七 18 日，根据公司文件（司〔2018〕第 35 号）内容（图 2-21），出纳人员张平准备从银行提取备用金 14,000.00 元，用于支付职工张明明奖金及补足库存现金限额。请填写表 2-27 至表 2-29。假设使用支付密码器生成密码为 5871-6841-2642-8741。

贵州经典年华服饰有限公司文件

司〔2018〕第35号

★

关于奖励销售部员工张明明的通知

司各部门：

由于销售部员工张明明在2018年上半年销售业绩突出，为公司带来较多经济效益，使公司2018年的销售目标提前实现。为激励各部门员工积极投身工作，向张明明同志学习，经公司办公会议决定，向张明明同志发放10,000.00元（壹万元整）现金作为奖励。

贵州经典年华服饰有限公司

2018年[illegible]月18日

图 2-21 公司文件

表 2-27　现金支票使用记录表

日期	使用支票号码	收款单位	用途	金额	领用人签字

表 2-28　现金支票（1）

中国建设银行
现金支票存根
52010121
09452101
附加信息
出票日期　　年　月　日

收款人：
金额：
用途：

单位主管　　　　会计

中国建设银行现金支票　　52010121
09452101

出票日期（大写）　　年　月　日
付款行名称：中国建设银行贵阳中华路支行
收款人：　　出票人账号：5228224578698888

人民币（大写）	亿	千	百	十	万	千	百	十	元	角	分

用途＿＿＿＿＿＿　　密码＿＿＿＿＿＿
上列款项请从
我账户内支付
出票人签章　　　复核　　　记账

表 2-29　现金支票（2）

附加信息：

收款人签章
年　月　日

身份证名称：　　　　发证机关：
号码

贴粘单处

业务八　18 日，根据司〔2018〕第 35 号文件内容，出纳人员张平根据会计吴浩编制的 11 月第 59 号记账凭证（表 2-30）及其附件，审核无误后用现金支付该笔奖金给张明明。

业务九　25 日，收到贵阳彩蝶商贸有限公司的押金 4,500.00 元，出纳人员张平收到对方经办人交来的现金，点钞完毕后开具收据并签章交给对方。请填写收据（表 2-31）。

表 2-30　记账凭证

2018 年 11 月 18 日　第 059 号

摘要	总账科目	明细科目	借方金额										贷方金额									
			千	百	十	万	千	百	十	元	角	分	千	百	十	万	千	百	十	元	角	分
支付张明明个人奖励	应付职工薪酬	工资、奖金				1	0	0	0	0	0	0										
	库存现金																9	7	0	0	0	0
	应交税费	应交个人所得税																3	0	0	0	0
合计					¥	1	0	0	0	0	0	0			¥	1	0	0	0	0	0	0

附件 1 张

会计主管 王兴明　记账 吴浩　出纳　复核 王兴明　制单 吴浩

表 2-31　收款收据

年　月　日　No：0021122

今收到
交来款
人民币（大写）
¥
备注：

第一联　存根联

主管　会计　出纳　经手人

业务十　25 日，将当日收到的押金 4,500.00 元现金存入银行。请填写现金交款单（表 2-32）。

表 2-32　现金交款单

币种：人民币　年　月　日　流水号

单位填写	收款单位		交款人											
	账（卡）号		款项来源											
				千	百	十	万	千	百	十	元	角	分	
银行确认栏														

第一联　银行留存

业务十一 根据以上经济业务，填制本月现金日记账（表2-33）。

表2-33 现金日记账

年		凭证		摘要	借方								贷方								余额							
月	日	字	号		十	万	千	百	十	元	角	分	十	万	千	百	十	元	角	分	十	万	千	百	十	元	角	分

业务十二 30日，公司组织清查小组对库存现金进行突击盘点，财务主管王兴明为清查小组组长兼任监盘人，会计吴浩为盘点人。经人工和点钞机清点后，确定库存现

金数量：100元面值的有64张；50元面值的有2张；20元面值的有1张；10元面值的有3张；5元面值的有1张；1元面值的有9张；0.5元面值的有6张。请根据资料及你所编制的现金日记账，填制库存现金盘点表（表2-34）。

表2-34　库存现金盘点表

单位：　　　　　　　　　　　　　　　　　　　　　　　　盘点日期：　　年　月　日

项目	金额	库存现金盘点记录		
		票面	张（枚）数	金额
现金日记账账面余额				
加：盘点日未入账现金收入		100.00		
减：盘点日未入账现金支出		50.00		
调整后日记账账面余额		20.00		
		10.00		
		5.00		
		1.00		
		0.50		
		0.10		
合计		合计		
盘点记录：				

财务主管：　　　　　　监盘人：　　　　　　出纳：　　　　　　制表人：

项目三　银行业务

任务一　银行结算业务

银行结算业务即转账结算业务，简称“结算”，也叫“支付结算”，是指通过银行账户的资金转移来实现资金收付的行为。按照国家有关规定，凡是独立核算的单位都必须在当地银行开设账户，除了保留日常支出必需的库存现金以外，一律送存银行，通过银行办理转账结算业务。

出纳人员在工作过程中应执行《会计法》《票据法》《支付结算办法》《银行账户管理办法》等法律法规。

一、银行结算账户的概念和种类

（一）银行结算账户的概念

银行结算账户是指存款人在经办银行开立的办理资金收付结算的人民币活期存款账户。

（二）银行结算账户的种类

（1）单位银行结算账户是指存款人以单位名称开立的银行结算账户，按用途分为基本存款账户、一般存款账户、专用存款账户、临时存款账户。个体工商户凭营业执照或经营者姓名开立的银行结算账户纳入单位银行结算账户管理。

（2）银行结算账户按开户地分为本地银行结算账户和异地银行结算账户。本地银行结算账户是指存款人在注册地或住所地开立的银行结算账户；异地银行结算账户是指存款人根据规定的条件在异地（跨省、市、县）开立的银行结算账户。

二、银行结算账户的开立和使用原则

（一）唯一原则

单位银行结算账户存款人只能在银行开立一个基本存款账户不能多头开立基本存款账户。

（二）自主选择银行开立银行结算账户原则

存款人可以自主选择银行开立银行结算账户。除国家法律、法规和国务院规定外，任何单位和个人不得强令存款人到指定银行开立银行结算账户。

（三）守法合规原则

银行结算账户的开立和使用应当遵守法律、行政法规规定，不得利用银行结算账户进行偷逃税款、逃避债务、套取现金及其他违法犯罪活动。银行结算账户在使用过程中应当注意以下内容：

（1）存款人开立单位银行结算账户，自正式开立之日起3个工作日后，方可使用该账户办理付款业务。

（2）存款人不得出租、出借银行结算账户，不得利用银行结算账户套取银行信用。

（3）存款人在同一营业机构撤销银行结算账户后重新开立银行结算账户时，重新开立的银行结算账户可自开立之日起办理付款业务。

（四）存款信息保密原则

银行应依法为存款人的银行结算账户信息保密。对单位银行结算账户和个人银行结算账户的存款和有关资料，除国家法律、行政法规另有规定外，银行有权拒绝为任何单位或个人查询。

三、银行结算账户的开立、变更与撤销

（一）银行结算账户的开立

1. 核准制账户与备案制账户

基本存款账户、临时存款账户（因注册验资和增资验资开立的除外）、预算单位专用存款账户的开立实行核准制，经中国人民银行核准后由开户银行核发开户许可证；一般存款账户、注册验资和注册增资的临时存款账户、非预算单位专用存款账户和个人银行结算账户的开立实行备案制。

2. 开立程序

（1）存款人开立银行结算账户时，应填写开户申请书，并提交有关证明文件。

（2）开户银行对存款人相关资料进行审查。

（3）存款人开立银行结算账户完成。

3. 开户注意事项

（1）存款人在注册地或住所地开立银行结算账户，符合条件的，也可以在异地开立银行结算账户。

（2）存款人为单位的，其预留签章为该单位的公章或财务专用章加其法定代表人（单位负责人）或其授权的代理人的签名或盖章存款人为个人的，其预留签章为该个人的签名或者盖章。

（3）存款人申请开立的银行结算账户的账户名称、出具的开户证明文件上记载的存款人名称及预留银行签章中的公章或财务专用的名称应保持一致。

（二）银行结算账户的变更

银行结算账户变更是指存款人名称、单位法定代表人或主要负责人、住址以及其他

开户资料发生的变更。

（三）银行结算账户的撤销

银行结算账户的撤销是指存款人因开户资格或其他原因终止银行结算账户使用的行为。

1. 银行结算账户撤销的事由

存款人有下列情形之一的，可以向开户银行提出撤销银行结算账户的申请。

（1）被撤并、解散、宣告破产或关闭的；

（2）注销、被吊销营业执照的；

（3）因变更经营地址需要变更开户银行的；

（4）其他原因需要撤销银行结算账户的。

2. 银行结算账户撤销的手续

（1）存款人主体资格终止后，应于5个工作日内向开户银行提出撤销银行结算账户的申请。

（2）因地址变更或其他原因需要变更开户银行，银行在收到存款人撤销银行结算账户的申请后，对于符合销户条件的，应当在2个工作日内办理撤销手续。存款人需要重新开立基本存款账户的，应在撤销其原基本存款账户后10日内重新开立基本存款账户。

四、基本存款账户

（一）基本存款账户使用范围

基本存款账户是指开户单位存款人办理日常转账结算和现金解款、取款的账户。基本存款账户是独立核算的单位在开户银行开立的主要账户，根据不同行业性质，可分为存款户、结算户、经费限额支出户和预算外存款户等。

按中国人民银行规定，每一个开户单位只能在开户银行设立一个基本存款账户，不能多头开立基本存款账户。开户单位的资金收付，存款人的工资、奖金和现金的支取，应通过该账户办理。

（二）基本存款账户开户要求

（1）开立基本存款账户应按照规定的程序办理并提交有关证明文件。

开立基本存款账户所需的证明文件如下：

①企业法人，应出具企业法人营业执照正本。

②非法人企业，应出具企业营业执照正本。

③机关和实行预算管理的事业单位，应出具政府人事部门或编制委员会的批文或登记证书和财政部门同意其开户的证明；非预算管理的事业单位，应出具政府人事部门或编制委员会的批文或登记证书。

④军队、武警团级（含）以上单位，以及分散执勤的支（分）队，应出具军队军级以上单位财务部门、武警总队财务部门的开户证明。

⑤社会团体，应出具社会团体登记证书，宗教组织还应出具宗教事务管理部门的批文或证明。

⑥民办非企业组织，应出具民办非企业登记证书。

⑦异地常设机构，应出具其驻在地政府主管部门的批文。

⑧外国驻华机构，应出具国家有关主管部门的批文或证明；外资企业驻华代表处、办事处应出具国家登记机关颁发的登记证。

⑨个体工商户，应出具个体工商户营业执照正本。

⑩居民委员会、村民委员会、社区委员会，应出具其主管部门的批文或证明。

⑪单位设立的独立核算的附属机构，应出具其主管部门的基本存款账户开户许可证和批文。

⑫其他组织，应出具政府主管部门的批文或证明如果上述存款人为从事生产、经营活动纳税人的，还应出具税务部门颁发的税务登记证。

（2）基本存款账户开户工作流程如图 3-1 所示。

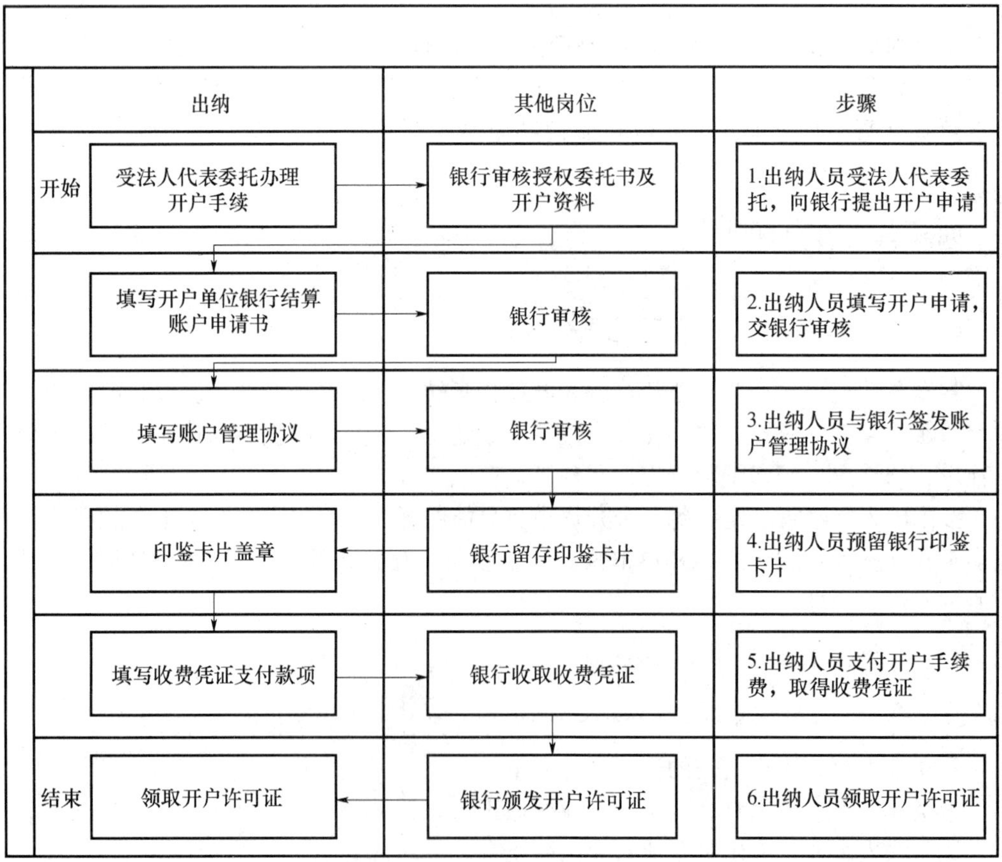

图 3-1　基本存款账户开户工作流程

（3）需要特别说明的是，开户时，印鉴卡片上填写的户名必须与单位名称一致，同时要加盖开户单位公章、单位负责人或财务机构负责人、出纳人员三枚图章。开户时，需携带开户许可证，如图 3-2 所示。

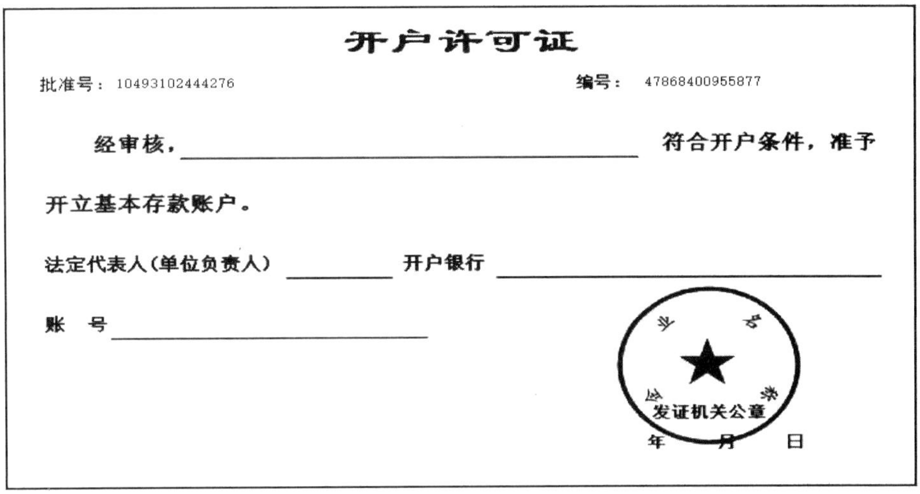

开户许可证

批准号：10493102444276　　编号：47868400955877

经审核，＿＿＿＿＿＿＿＿ 符合开户条件，准予

开立基本存款账户。

法定代表人（单位负责人）＿＿＿＿ 开户银行 ＿＿＿＿＿＿

账　号 ＿＿＿＿＿＿

发证机关公章

年　月　日

图 3-2　开户许可证

五、一般存款账户

（一）一般存款账户使用范围

一般存款账户是指存款人因借款或其他结算需要，在基本存款账户开户银行以外的银行营业机构开立的银行结算账户。

一般存款账户主要用于办理存款人借款转存，借款归还和其他结算的资金收付，该账户可以办理现金缴存，但不得办理现金支取。

（二）一般存款账户开户要求

开立一般存款账户应按照规定的程序办理并提交有关证明文件（图 3-3）。

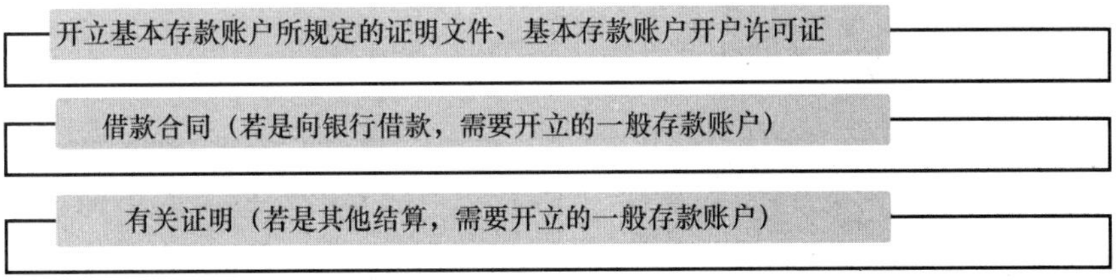

图 3-3　开立一般存款账户需要开具的证明文件

开立一般存款账户的程序与基本存款账户相同。

六、专用存款账户

（一）专用存款账户使用范围

专用存款账户是指存款人按照法律、行政法规和规章，对有特定用途的资金进行专项管理和使用而开立的银行结算账户。专用存款账户用于办理各项专用资金的收付。开立专用存款账户的目的是保证特定用途的资金专款专用，并有利于监督管理。

（二）专用存款账户开户要求

存款人开立专用存款账户，应向银行出具其开立基本存款账户规定的证明文件、基本存款账户开户登记证相关证明文件，如图 3-4 所示。同一个证明文件，只能开立一个专用存款账户。

开立基本存款账户规定的证明文件、基本存款账户开户许可证

不同资金类型应出具其相关资金主管部门的批文

图 3-4　开立专用存款账户需要开具的证明

七、临时存款账户

（一）临时存款账户使用范围

临时存款账户是指存款人因临时需要并在规定期限内使用而开立的银行结算账户。临时存款账户用于办理临时机构以及存款人临时经营活动发生的资金收付。有下列情况的，存款人可以申请开立临时存款账户：设立临时机构、异地临时经营活动、注册验资。

（二）临时存款账户开户要求

（1）存款人申请开立临时存款账户，应向银行出具图 3-5 所示的证明文件。

临时机构驻在地主管部门同意设立临时机构的批文和临时经营地工商行政管理部门的批文

企业单位基本存款账户开户许可证

工商行政管理部门核发的企业名称预先核准通知书或有关部门的批文

图 3-5　开立临时存款账户需要开具的证明

（2）开立临时存款账户的程序。存款人申请开立临时存款账户时，与基本存款账户的核准程序相同。

（3）临时存款账户使用中的注意事项。临时存款账户的有效期最长不得超过 2 年。临时存款账户支取现金，应按照国家现金管理的规定办理。注册验资的临时存款账户在验资期间只收不付，注册验资资金的汇缴人应与出资人的名称一致。

【例 3-1】某服装生产厂财务科长王开平，在隐瞒单位领导和其他人员的情况下，私下向当地合作银行营业部要求另行开立以单位为名义的银行账户（此时单位基本银行账

户依法开立在当地工商银行），而当地合作银行营业部在王开平未出具单位开户证明、未填制开户申请书、未使用单位公章的情况下，为其开立了银行账户。不久，王开平利用该银行账户挪用单位公款300万元，并把其中299万元私借给当地盛达企业集团有限公司，后因该公司倒闭而无法追款，造成该服装生产厂资金及利息的巨大损失。为此该服装生产厂将与其合作的银行告上法庭。

讨论：本案例中，开户银行以及服装生产厂财务科长王开平分别违反了《银行账户管理办法》的哪些规定？应受到哪些处罚？

任务二　银行结算管理

一、结算的概念

结算是货币结算或资金结算的简称，是指对经济主体之间因商品交易、劳务供应、资金调拨及其他款项往来而产生的货币收付关系，是对债权债务进行清偿的行为。

（1）结算按性质不同，可分为现金结算和转账结算。

①现金结算是指在经济往来中直接使用现金进行货币支付的一种结算形式。现金结算应该遵循《现金管理暂行条例实施细则》的规定，一般适用于小额、零星交易，主要是涉及日用消费品的买卖以及与个人有关的货币支付活动。

②转账结算又称非现金结算，是指以票据和结算凭证为依据，通过银行转账，将款项从付款人账户转到收款人账户的一种结算方式。这种方式适用于大额交易，主要是社会经济组织之间的大宗生产资料的交易。

（2）结算按地域不同，可分为同城结算和异地结算。

①同城结算是指在同一城市或同一票据交换区域，收、付款人之间的经济往来通过银行办理划拨转账的收付行为。

②异地结算是指收、付款人不在同一城市或同一票据交换区域内的银行开户，而进行款项划拨的收付行为。

二、银行结算的基本原则及基本要求

（一）银行结算的基本原则

（1）恪守信用，履约付款。这是办理支付结算应遵守的基本原则。

（2）谁的钱进谁的账，由谁支配。他人支付给存款人的资金，应当收入存款人的银行账户；存款人在银行账户里的资金，其所有权归存款人所有，由其自主支配，其他任何一方都无权擅自动用、处理和任意转移。

(3) 银行不垫款。付款人账户内没有资金或资金不足，或者收款人应收的款项由于付款人的原因不能收回时，银行的中介职责可以不履行。

（二）银行结算的基本要求

（1）单位、个人和银行办理支付结算，必须使用按中国人民银行统一规定印制的票据凭证和结算凭证。

（2）在银行开立存款账户的单位和个人办理支付结算，账户内须有足够的资金保证支付。

（3）票据和结算凭证上的签章和其他记载事项应当真实，不得伪造、变造。

（三）银行结算的纪律

（1）各企事业单位或个人在银行开立的账户是其办理资金收付的工具，只能供本单位或本人使用，开户单位和个人不得出租、出借账户。

（2）不准签发空头支票和远期支票，不准套取银行信用。

（3）不准多头开立基本账户。

三、转账结算的分类

（1）转账按结算的范围，可以分为同城结算、异地结算。

（2）转账按结算的方式，可以分为三类：

①由银行通过记账形式划转款项，有汇兑、委托收款、托收承付、信用证四种；

②票据化的结算方式，有支票、银行汇票、银行本票、商业汇票；

③电子化方式，有信用卡和网上支付等。

只能用于同城结算的是银行本票；只能用于异地结算的，包括汇兑、托收承付、银行汇票、信用证；既可用于同城也可用于异地结算方式的，包括支票、委托收款、商业汇票、信用证和网上支付。

任务三　银行结算方式

一、支票

（一）支票的含义及分类

（1）支票是指由出票人签发的，委托办理支票存款业务的银行或其他金融机构在见票时无条件支付确定的金额给收款人或持票人的票据。支票适用于同域单位和个人的各种款项结算。

（2）支票的种类。

①记名支票和不记名支票。按收款人记载形式的不同，支票可以分为记名支票和不记名支票。

记名支票：又称抬头支票，即在支票上记载收款人姓名。这种支票的票款，只能付给票面指定的收款人，转让时须由收款人背书。目前，我国使用的支票均为记名支票。

不记名支票：又称空白支票，即在支票上不记载收款人姓名。这种支票无须背书即可转让，取款时也无须在背面签字盖章。

②普通支票、现金支票、转账支票。支票按支付票款方式的不同分为普通支票、现金支票、转账支票 3 种，如图 3-6 至图 3-8 所示。

普通支票指支票未印有“现金”或“转账”字样的支票，该支票既能用于提取现金又能用于转账，在普通支票左上角画两条平行线的画线支票只能用于转账，不得支取现金。

转账支票指支票上印有“转账”字样的支票，该支票只能用于转账（图 3-6）。

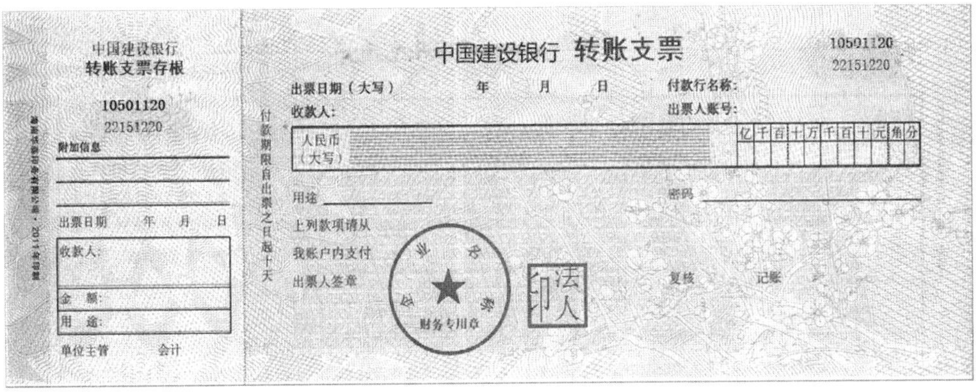

图 3-6 转账支票正面

现金支票指支票上印有“现金”字样的支票，该支票只能用于支取现金（图 3-7）。

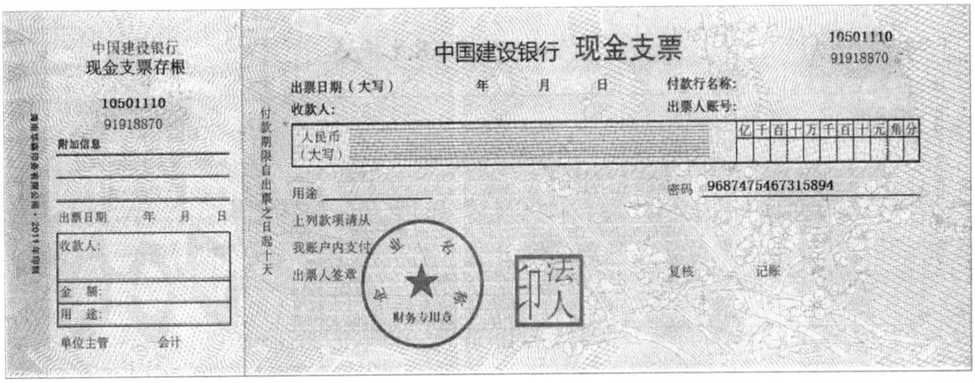

图 3-7 现金支票正面

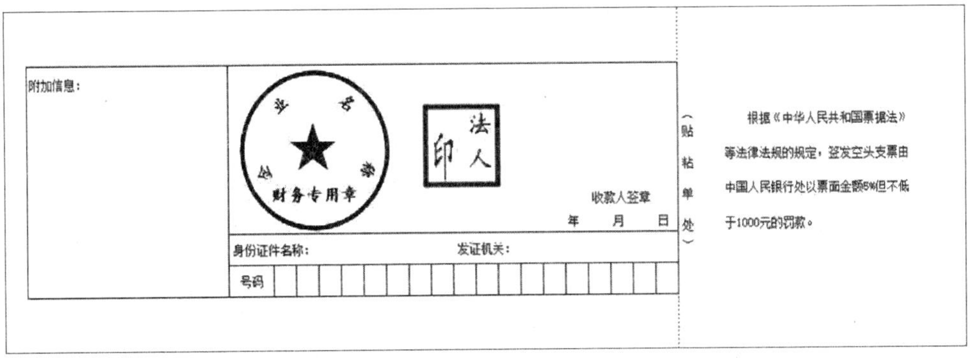

图 3-8 支票背面

目前常用的支票是现金支票和转账支票。

（二）支票的使用

1. 支票的领购

存款人领购支票，必须填写支票申领单（图 3-9）并签章，签章应与预留银行的签章相符。存款账户结清时，必须将全部剩余空白支票交回银行注销。存款人需向银行提前预约领购支票事项。

支票申领单

支票存根

申领日期　　年　月　日

粘

贴

处

图 3-9　支票申领单

2. 支票的管理

由于支票可以由付款人自行签发，直接向银行提取现金及转账。企业对支票结算的管理主要包括以下几个方面。

（1）单位支票的管理由财务部门负责，并指定专门人员负责保管支票。

（2）有关部门和人员领用支票必须填写专门的支票领用登记簿（表 3-1），并说明领用支票的用途、日期、金额、编号，由经办人员签章，经有关领导批准。

表 3-1　支票领用登记簿

支票类别：　　年　月　　银行账号：

日期		支票号码	支票用途	金额										领用人	报销日期		备注
月	日			千	百	十	万	千	百	十	元	角	分		月	日	

（3）支票由指定的出纳人员专人签发。出纳人员根据支票领用登记簿签发支票，并在支票签发登记簿上加以登记。

（4）支票和预留银行印鉴、支票密码单应分别存放，专人保管。

3. 支票的签发

（1）支票分为存根联和支票联，存根联为财务部门做账依据，支票联为银行提取现金或转账的凭证。

（2）支票联、存根联填写规范（见本书项目二的任务二）。

（3）出票人签章。

正面：支票正面应加盖出票单位银行预留印鉴，一般为财务专用章和法人章，缺一不可，印泥为红色，印章必须清晰，印章模糊、残缺则本张支票作废，需要换一张重新填写，重新盖章。

背面：支票收款人如为本单位，其背面“被背书人”栏内应加盖本单位的银行预留印鉴（财务专用章和法人章），收款人方可凭现金支票直接到开户银行提取现金或转账。

支票收款人如为收款人个人，收款人需在支票背面填上身份证号码和发证机关名称，凭身份证和现金支票签字领款。

（三）支票的结算流程

支票的结算流程如图3-10所示。

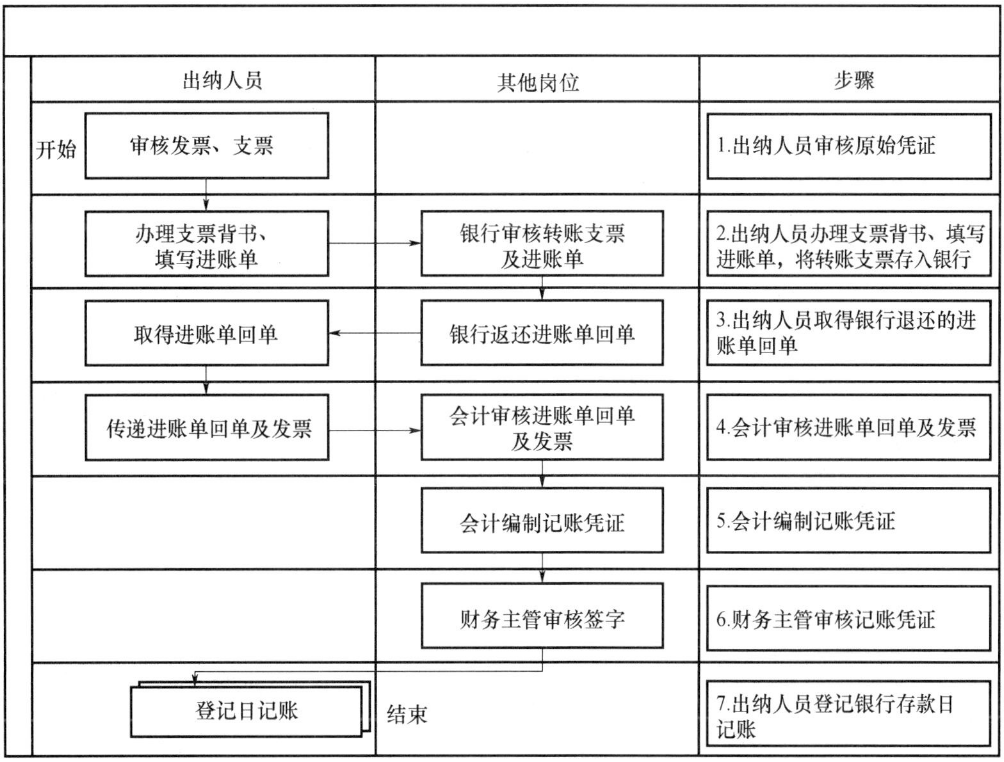

图3-10　支票的结算流程

【例 3-2】 贵州经典年华服饰有限公司为生产经营性企业，经核定为一般纳税人。2018 年 12 月，该企业发生以下关于银行存款的收支业务：

12 月 01 日，贵州经典年华服饰有限公司上月向广州不凡服装销售有限责任公司贵阳分公司（开户行中国建设银行花溪支行，账号：5228224578698554）销售的 A 款服装 10,000 件，每件售价 35 元，货款合计 350,000 元，增值税销项税额 56,000 元，全部款项已于 12 月 01 日收到转账支票（图 3-11）。收到广州不凡服装销售有限责任公司贵阳分公司转账支票后，会计部门会计人员填制银行存款进账单，到中国建设银行贵阳中华路支行进账。

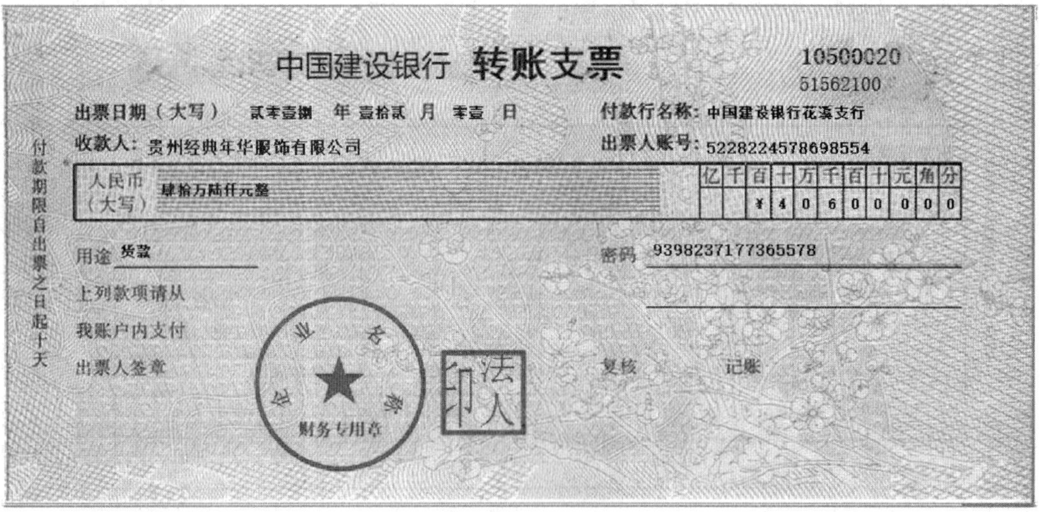

图 3-11 转账支票

二、银行本票

（一）银行本票的含义及分类

（1）概念：银行本票是指由银行签发的，承诺自己在见票时无条件支付确定的金额给收款人或者持票人的票据。银行本票付款期限为 1 个月。

（2）分类银行本票按其金额是否固定分为不定额本票和定额本票两种。

①不定额本票。不定额本票的金额起点为 100 元，一式两联：第一联是卡片联，由出票银行留存，结清本票时作借方传票附件；第二联是本票联，由正面、背面组成，正面为本票联，出票行结清本票时作借方凭证；背面用于背书转让和提示付款签章。

②定额本票。定额本票的票面金额为 1,000 元、5,000 元、10,000 元和 50,000 元四种。由单联式组成，左边约四分之一为存根；右边约四分之三为本票联，背面用于背书转让和提示付款签章。

银行本票如图 3-12、图 3-13 所示。

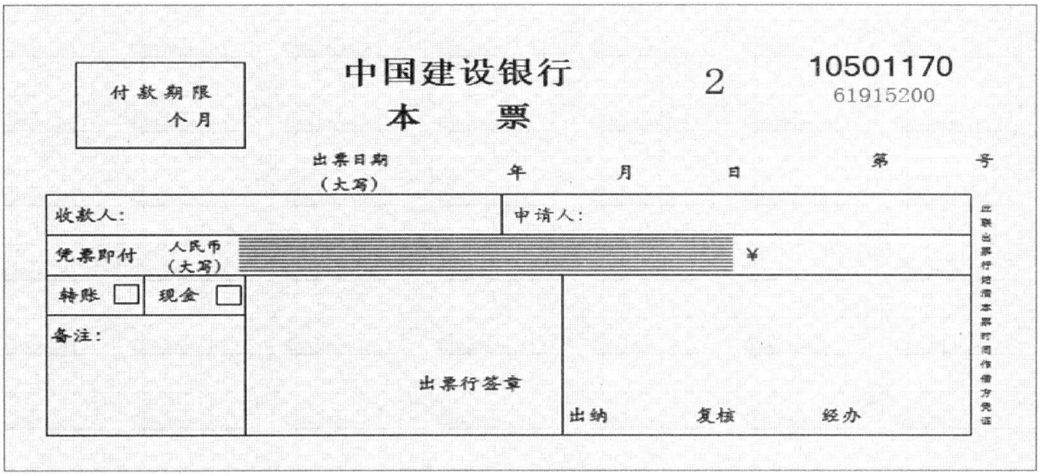

图 3-12　银行本票正面

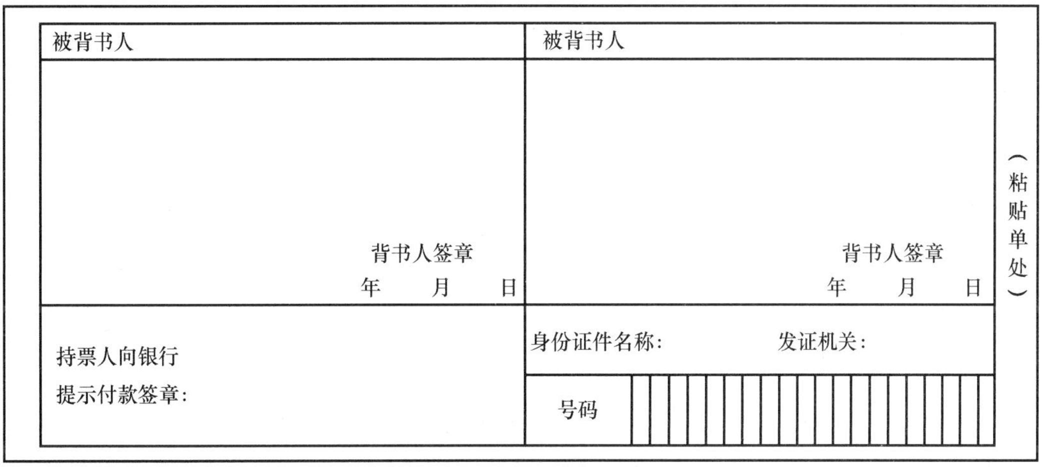

图 3-13　银行本票背面

（二）银行本票的使用

1. 本票的签发

付款单位需使用本票办理结算时，首先，需要向银行提出申请，填写一式三联的银行本票申请书（图 3-14）。如申请人在签发银行开立账户的，要在银行本票申请书第二联上加盖预留银行的印鉴。其次，付款单位将申请书交给银行，银行对之进行审查，审查无误后，办理收款手续。如付款单位在银行开立账户的，款项直接从其账户中划拨；如付款单位未在银行开立账户的，直接向银行交存现金。银行在办妥以上手续后，即可签发本票。银行把本票第一联连同银行本票申请书存根联一并交回给本票申请人。

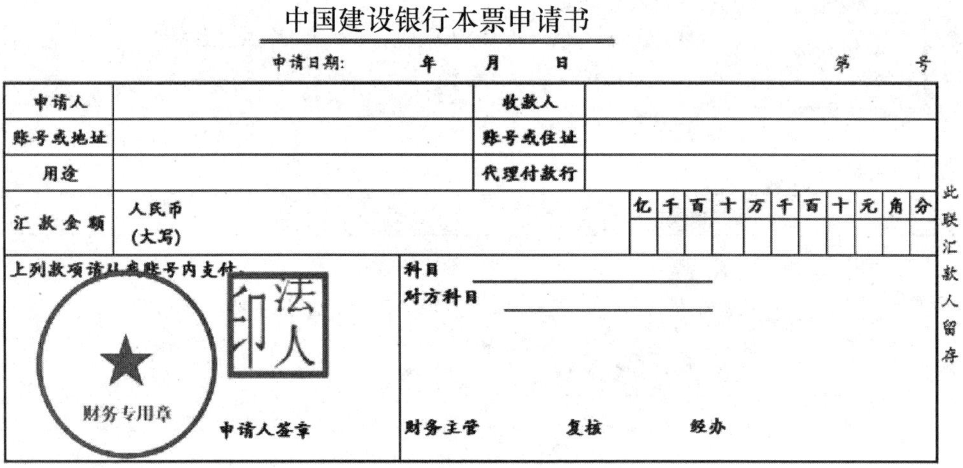

中国建设银行本票申请书

申请日期：　　年　　月　　日　　　　第　　号

申请人		收款人	
账号或地址		账号或住址	
用途		代理付款行	
汇款金额	人民币（大写）	亿 千 百 十 万 千 百 十 元 角 分	
上列款项请从我账号内支付。申请人签章		科目 对方科目 财务主管　复核　经办	

此联汇款人留存

图 3-14　银行本票申请书

2. 银行本票的签发及兑付

（1）银行本票的签发。付款单位收到银行签发的本票后，即可以使用本票向其他单位购买货物，办理款项结算。

【例 3-3】贵州经典年华服饰有限公司 2018 年 12 月 5 日持面额为 160,000 元的本票到贵阳市布厂购买某布 20 匹，每匹单价为 8,000 元，增值税进项税额为 25,600 元。签发的银行本票如图 3-15 所示。

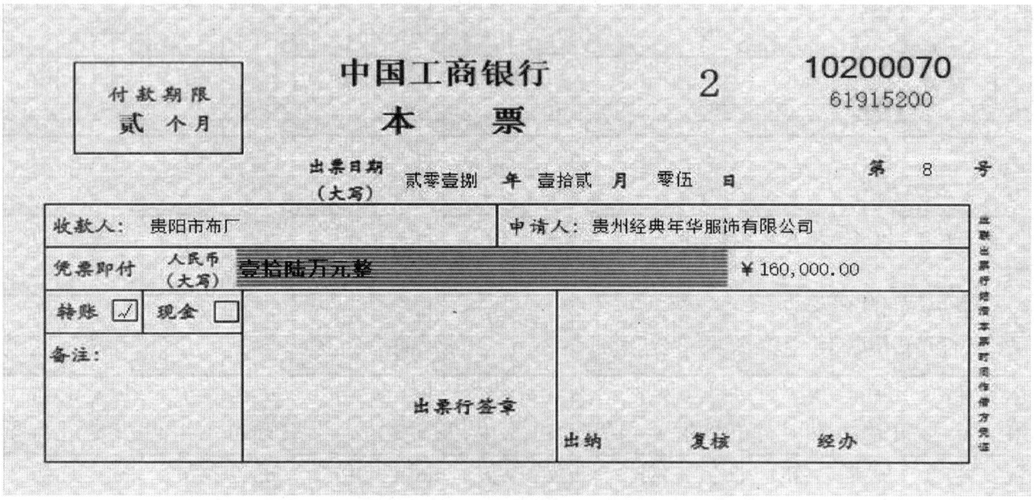

付款期限　贰　个月

中国工商银行　本　票　2　10200070　61915200

出票日期（大写）　贰零壹捌　年　壹拾贰　月　零伍　日　　第　8　号

收款人：贵阳市布厂		申请人：贵州经典年华服饰有限公司	
凭票即付	人民币（大写）壹拾陆万元整	¥ 160,000.00	
转账 ☑　现金 ☐			
备注：	出票行签章	出纳　复核　经办	

图 3-15　签发的银行本票

（2）银行本票的兑付。收款单位收到付款单位交来的本票，经审查无误后，在本票背面加盖预留银行的印鉴，连同一式两联的进账单一起送交银行办理票款入账业务。如果收款人未在银行开户，可持有“现金”字样的本票向银行支取现金。

（3）银行本票的背书转让。银行本票可以连续背书。若本票签发人在本票正面注有

“不准转让”字样，则该本票不得背书转让；背书人也可以在背书时注明“不准转让”字样，禁止该本票以后再转让。

（4）银行本票的保管和退款。银行本票见票即付，不予挂失。

（三）银行本票的流转程序

银行本票的流转程序如图 3-16 所示。

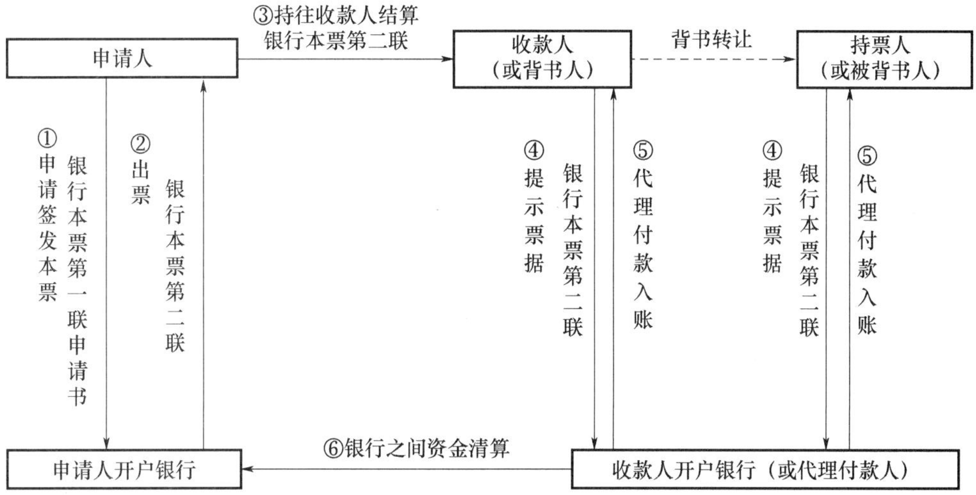

图 3-16　银行本票的流转程序

三、银行汇票

（一）银行汇票的含义

1. 银行汇票的概念

银行汇票是出票银行签发的，由其在见票时按照实际结算金额无条件付给收款人或者持票人的票据，多用于办理异地转账结算和支取现金。银行汇票有使用灵活、票随人到、兑现性强等特点，适用于先收款后发货或钱货两清的商品交易。结算起点为 500 元。

单位和个人各种款项的结算，均可使用银行汇票。银行汇票可以用于转账，填明“现金”字样的银行汇票也可以用于支取现金。申请人或者收款人为单位的，不得在“银行汇票”上填明“现金”字样。

2. 银行汇票的基本当事人

银行汇票的基本当事人有出票人、付款人、收款人。

（1）出票人：是签发票据并将票据交付给他人的人。

（2）付款人：是指支付给持票人或收款人票面金额的人，付款人并不一定是出票人。

（3）收款人：是指收取票款的人。收款人有权要求出票人或付款人付款或承兑。

3. 银行汇票的样式

银行汇票的样式如图 3-17 所示。

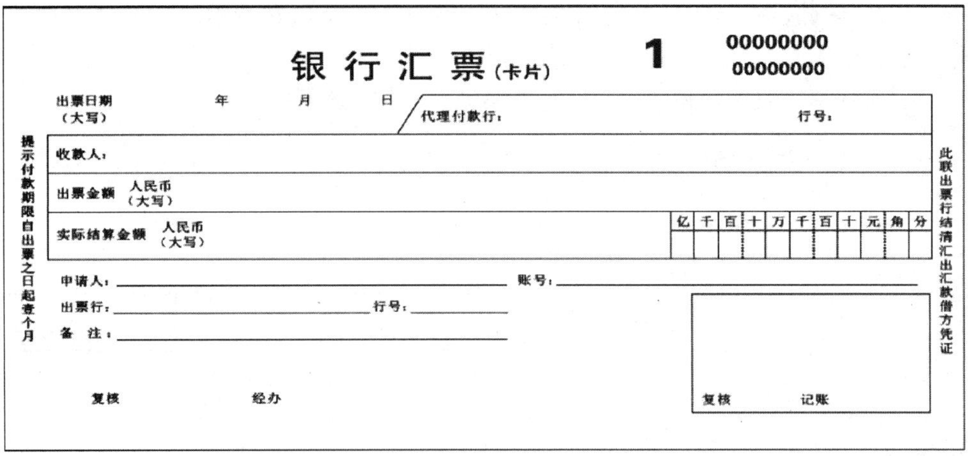

银行汇票（卡片）　1　00000000 00000000

出票日期（大写）　年　月　日　代理付款行：　行号：

提示付款期限自出票之日起壹个月

收款人：

出票金额 人民币（大写）

实际结算金额 人民币（大写）

亿	千	百	十	万	千	百	十	元	角	分

申请人：　账号：

出票行：　行号：

备　注：

复核　经办　复核　记账

此联出票行结清汇出汇款借方凭证

图 3-17　银行汇票的样式

银行汇票一式四联，第一联为卡片，为承兑行支付票款时作付出传票；第二联为银行汇票，与第三联解讫通知一并由汇款人自带，在兑付行兑付汇票后，此联作银行往来账付出传票；第三联为解讫通知，在兑付行兑付后随报单寄签发行，由签发行作余款收入传票；第四联为多余款通知，在签发行结清后交汇款人。

（二）银行汇票的使用

（1）签发。申请人使用银行汇票，应向银行填写银行汇票申请书（图 3-18）。申请人或收款人为单位的，不得申请签发现金银行汇票。银行汇票申请书一式三联，第一联为存根，由汇款人留作记账的传票；第二联为支款凭证，是签发办理汇票的转出传票；第三联为收入凭证，是由签发行作汇出款收入传票。若申请人用现金办理银行汇票，可以注销第二联。

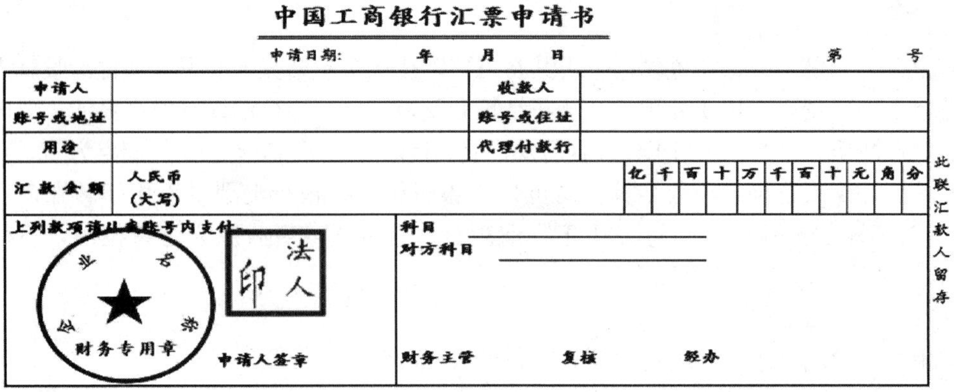

中国工商银行汇票申请书

申请日期：　年　月　日　第　号

申请人		收款人	
账号或地址		账号或住址	
用途		代理付款行	
汇款金额	人民币（大写）	亿 千 百 十 万 千 百 十 元 角 分	

上列款项请从我账号内支付。　财务专用章　法人印　申请人签章

科目　对方科目

财务主管　复核　经办

此联汇款人留存

图 3-18　银行汇票申请书

（2）背书。收款人可以将银行汇票背书转让给被背书人，但未填写实际结算金额或实际结算金额超过出票金额的银行汇票不得背书转让。

（3）兑现。银行汇票见票即付。持票人向银行提示付款时，必须同时提交银行汇票和解讫通知，缺少任何一联时，银行不予受理。

（三）银行汇票结算的基本工作流程（图 3-19）

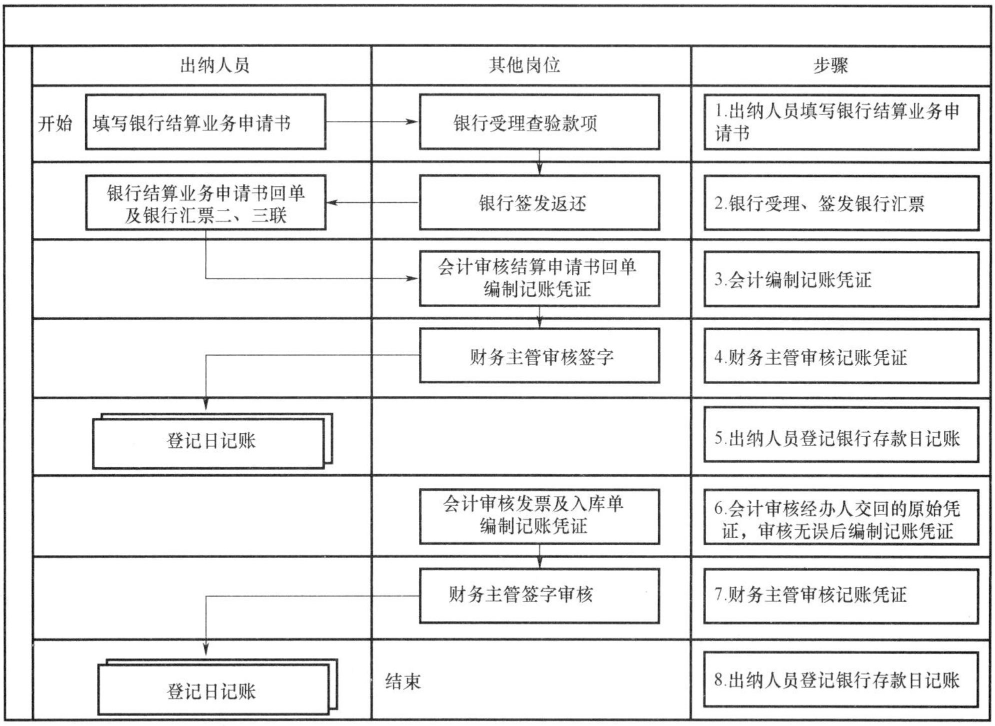

图 3-19　银行汇票结算的基本工作流程

【例 3-4】2018 年 12 月 16 日，贵州经典年华服饰有限公司以银行汇票结算方式到外地正科材料公司（中国建设银行广安市五福支行，账户：3428224578698564）购买甲材料一批，贵州经典年华服饰有限公司根据审核无误的对方发票和开户银行转来的银行汇票第四联，实际应付材料款 100,000 元，增值税进项税额为 16,000 元。银行汇票票面金额为 120,000 元。

填制银行汇票申请书、银行汇票，银行汇票样式如图 3-20 所示。

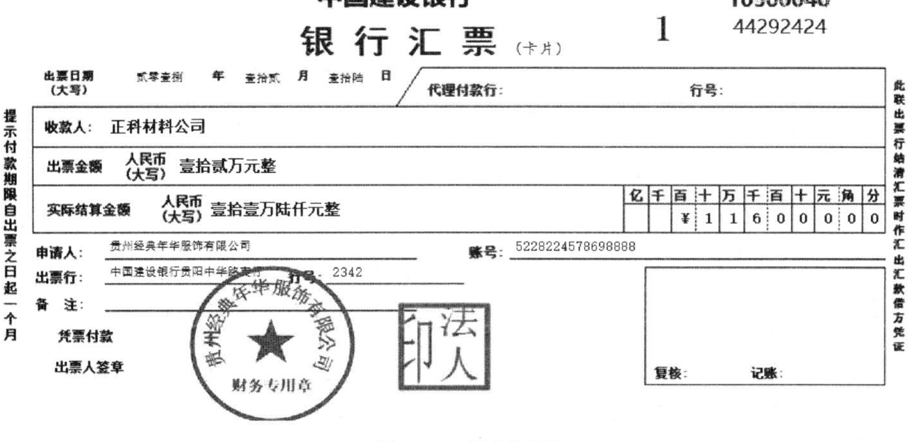
中国建设银行
银行汇票（卡片）　1　10500040 44292424

出票日期（大写）贰零壹捌 年 壹拾贰 月 壹拾陆 日　代理付款行：　行号：

提示付款期限自出票之日起一个月

收款人：正科材料公司

出票金额　人民币（大写）壹拾贰万元整

实际结算金额　人民币（大写）壹拾壹万陆仟元整

亿	千	百	十	万	千	百	十	元	角	分
		¥	1	1	6	0	0	0	0	0

申请人：贵州经典年华服饰有限公司　账号：5228224578698888

出票行：中国建设银行贵阳中华路支行　行号：2342

备　注：

凭票付款

出票人签章　贵州经典年华服饰有限公司 财务专用章　法人印

复核：　记账：

此联出票行结清汇票时作汇出汇款借方凭证

图 3-20　银行汇票

四、商业汇票

（一）商业汇票的概念及分类

1. 概念

商业汇票是出票人签发的，委托付款人在指定日期无条件支付确定的金额给收款人或者持票人的票据。

2. 分类

商业汇票分为商业承兑汇票（承兑人为付款方）及银行承兑汇票（承兑人为付款方开户银行）。商业承兑汇票样式如图 3-21 所示。

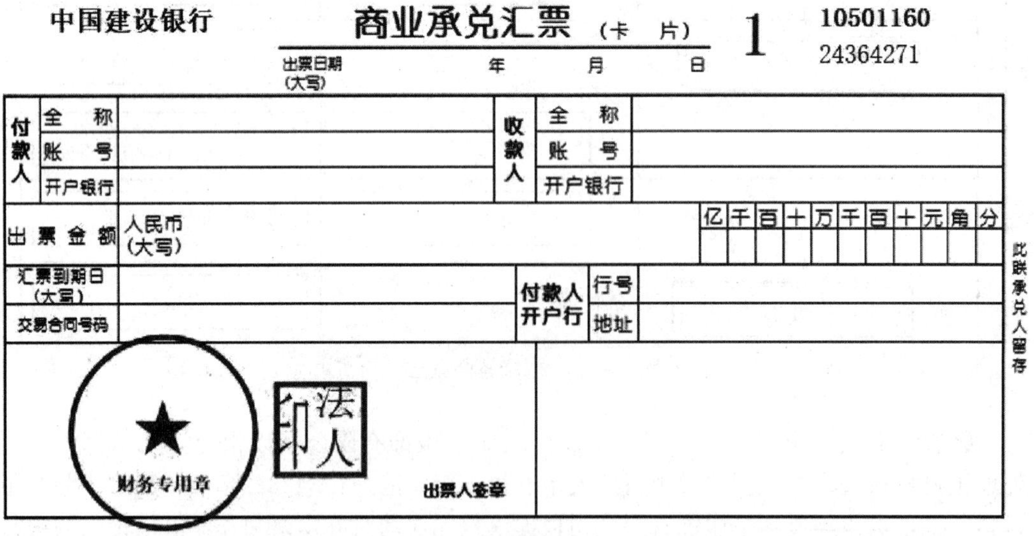
中国建设银行　商业承兑汇票（卡　片）　1　10501160　24364271

出票日期（大写）　年　月　日

付款人	全　称		收款人	全　称	
	账　号			账　号	
	开户银行			开户银行	
出票金额	人民币（大写）				亿 千 百 十 万 千 百 十 元 角 分
汇票到期日（大写）			付款人开户行	行号	
交易合同号码				地址	

财务专用章　法人印　出票人签章

此联承兑人留存

图 3-21　商业承兑汇票样式

（二）商业汇票的使用

1. 签发

商业汇票一式三联，第一联为卡片，由承兑人（付款单位）留存；第二联为商业承兑汇票，由收款人持有，并于汇票到期时，由收款人开户银行随结算凭证寄往付款人开户银行，作付出传票附件；第三联为存根，由承兑人存查。

2. 承兑

由付款人签发的商业汇票，由其本身进行承兑。商业承兑汇票（承兑人为付款方）、银行承兑汇票（承兑人为付款方开户银行）。承兑时只需在商业承兑汇票第二联的正面签署“承兑”字样，并加盖预留银行的印鉴，交给收款单位即可。

3. 贴现

若企业急需用款，商业汇票是可以到银行申请贴现的。

贴现是指银行承兑汇票或者商业承兑汇票的持票人将未到期的票据转让于银行，银行将票面金额扣除贴现利息后将余额付给持票人的一种融通资金行为。现阶段银行办理贴现的汇票一般限于银行承兑汇票。

按照银行规定，商业汇票贴现开户行应提交以下材料：

（1）银行承兑汇票贴现申请书（图 3-22）。

商业汇票贴现业务申请书

中国建设银行 ____________ 分（支）行：

我单位因（申请的原因及用途）____________ 之需，愿以持有的汇票 ____ 张共计票面金额 ______________ 万元以 _____ 利率向贵行申请贴现。

望获准。

（附汇票要素提要、本单位概况及特别声明）

<table>
<tr><td rowspan="7">单位概况</td><td>单位全称</td><td colspan="2"></td><td>企业代码</td><td colspan="2"></td></tr>
<tr><td>贷款卡号</td><td></td><td>本次业务开户行</td><td></td><td>本次业务账号</td><td></td></tr>
<tr><td>信用等级</td><td></td><td>注册时间</td><td></td><td>注册资本</td><td></td></tr>
<tr><td>法定代表人</td><td></td><td>电话</td><td></td><td>国籍</td><td></td></tr>
<tr><td>授权代表人</td><td></td><td>电话</td><td></td><td>国籍</td><td></td></tr>
<tr><td>财务主管</td><td></td><td>电话</td><td></td><td>传真</td><td></td></tr>
<tr><td>经营范围及主导产品</td><td colspan="5"></td></tr>
<tr><td rowspan="7">汇票要素提示</td><td>汇票号码</td><td>金额（元）</td><td>出票日</td><td>到期日</td><td>出票人</td><td>承兑人</td></tr>
<tr><td></td><td></td><td></td><td></td><td></td><td></td></tr>
<tr><td></td><td></td><td></td><td></td><td></td><td></td></tr>
<tr><td></td><td></td><td></td><td></td><td></td><td></td></tr>
<tr><td></td><td></td><td></td><td></td><td></td><td></td></tr>
<tr><td></td><td></td><td></td><td></td><td></td><td></td></tr>
<tr><td colspan="6">此栏不足，可另加附件，并签章。</td></tr>
<tr><td>特别声明</td><td colspan="6">我方为上述商业汇票合法持有人，均系真实、合法的商品、劳务交易所得，无恶意、过失或其他违法行为，汇票真实、合法、有效。上述商业汇票项下的交易合同和发票等证明交易确已履行的凭证真实、合法、有效。本次贴现已得到有权机构的必要授权，贴现利息计算同意按相关法律规定执行。
如汇票到期被承兑人拒付或汇票系伪造、变造票据，贵行可从我单位任何账户中扣收贴现票据等额资金以及相应的利息和费用，不足部分作为我单位在贵行的逾期贷款，我单位保证在收到你行通知之日起的_____个工作日内以等额货币资金归还。

贴现申请人（公章）：　　法定代表人或授权代理人（签章）：

年　月　日</td></tr>
</table>

图 3-22　银行承兑汇票贴现申请书

（2）银行承兑汇票。

（3）出示贴现票据项下的商品交易合同原件并提供复印件，或其他能够证明银行承兑汇票合法性的凭证。

（4）能够证明票据项下的商品交易确已履行的凭证。

（5）贴现申请人的财务会计报表（复印件）。

（三）商业汇票的流转程序（图 3-23）

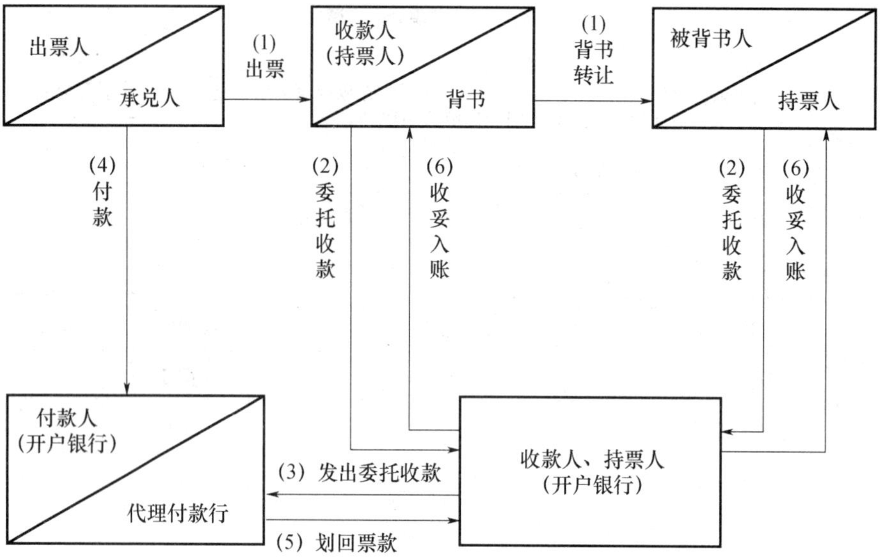

图 3-23　商业汇票的流转程序

【例 3-5】 贵州经典年华服饰有限公司 10 月 25 日收到泰华服装工厂中国建设银行朝阳支行账号 5228224578698989 开出的一张商业承兑汇票 20 万元，有效期 6 个月，该款为泰华服装工厂前期货款，购销合同号为 524762452，贵州经典年华服饰有限公司增值税专用发票已开。填制的商业承兑汇票如图 3-24 所示。

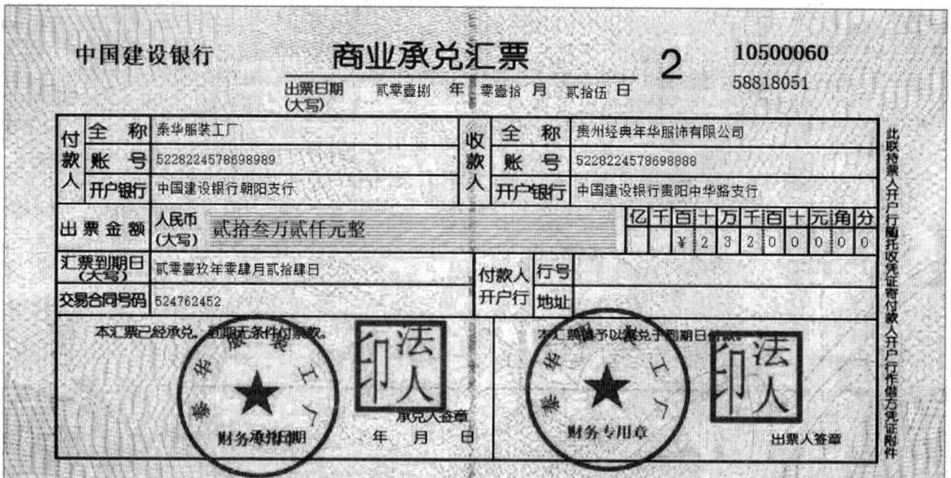

中国建设银行　商业承兑汇票　2　10500060 58818051

出票日期（大写）　贰零壹捌 年 零壹拾 月 贰拾伍 日

付款人	全　称	泰华服装工厂	收款人	全　称	贵州经典年华服饰有限公司
	账　号	5228224578698989		账　号	5228224578698888
	开户银行	中国建设银行朝阳支行		开户银行	中国建设银行贵阳中华路支行

出票金额	人民币（大写）	亿	千	百	十	万	千	百	十	元	角	分
	贰拾叁万贰仟元整			¥	2	3	2	0	0	0	0	0

汇票到期日（大写）	贰零壹玖年零肆月贰拾肆日	付款人开户行	行号	
交易合同号码	524762452		地址	

本汇票已经承兑，到期无条件付票款。　泰华服装工厂 财务专用章　法人印　承兑人签章　年　月　日

本汇票请予以承兑于到期日付款。　泰华服装工厂 财务专用章　法人印　出票人签章

此联持票人开户行随托收凭证寄付款人开户行作借方凭证附件

图 3-24　例 3-6 图

五、汇兑

（一）汇兑的概念与分类

1. 概念

汇兑是汇款人委托银行将款项汇给外地收款人的结算方式。

2. 种类

汇兑分为电汇和信汇两种。电汇速度快但费用较高；信汇速度较慢但费用较低，汇款人可根据汇款的金额大小和使用款项的缓急程度来选择使用。电汇凭证如图 3-25 所示。

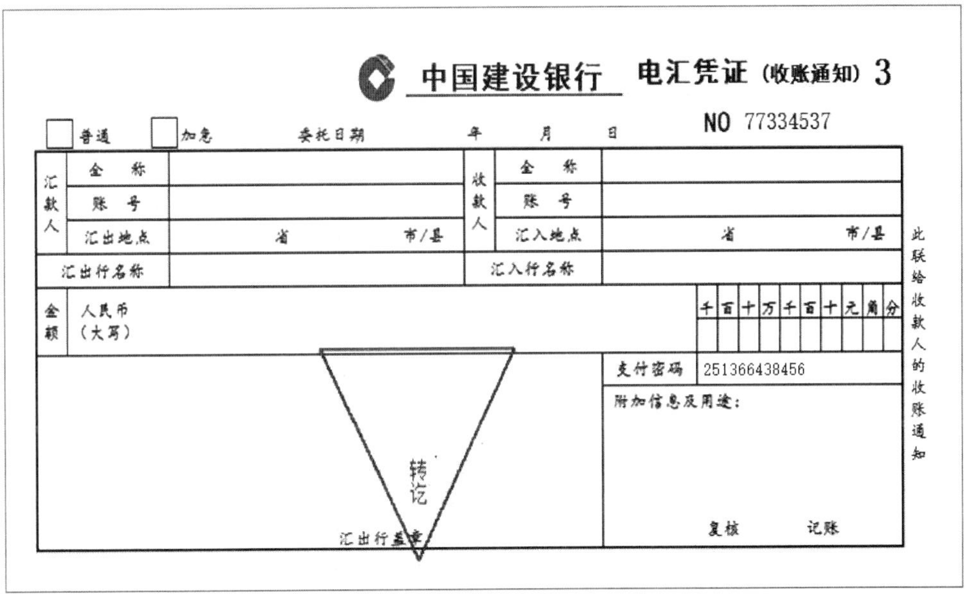

中国建设银行　电汇凭证（收账通知）3

□普通　□加急　　委托日期　　年　　月　　日　　　NO 77334537

汇款人	全称		收款人	全称	
	账号			账号	
	汇出地点	省　　市/县		汇入地点	省　　市/县
汇出行名称			汇入行名称		
金额	人民币（大写）				千 百 十 万 千 百 十 元 角 分
转讫　汇出行盖章				支付密码	251366438456
				附加信息及用途： 复核　记账	

此联给收款人的收账通知

图 3-25　电汇凭证

（二）汇兑结算的注意事项

（1）汇兑结算不规定结算金额的最低金额起点，不管款项多少都可以使用。

（2）汇兑结算解付时，分为直接入账和不直接入账。

（3）需要在汇入行支取现金的必须在汇款金额栏填写“现金”字样，同时要求汇款人和收款人必须为个人，只要其中有一方为单位，就不可以填制现金汇兑凭证。

（三）汇兑的流转程序

以电汇为例，其支付流程如图 3-26 所示。

【例 3-6】贵州经典年华服饰有限公司（中国建设银行贵阳中华路支行，账号：5228224578698888）到银行办理电汇给遵义市布厂（中国建设银行遵义前进支行，账号：5221124578695688），金额为 176,300.00 元。填写的银行电汇凭证如图 3-27 所示。

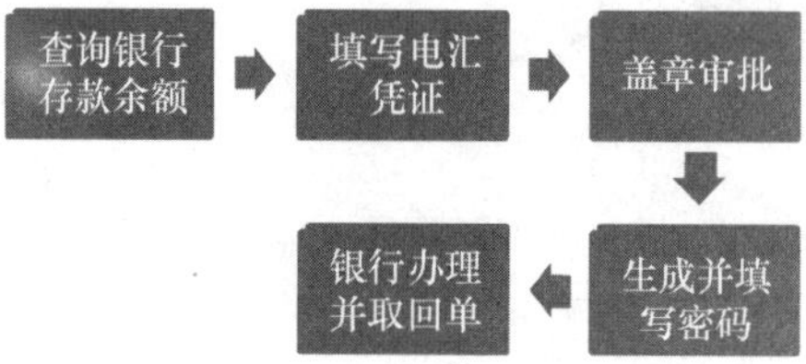

图 3-26　电汇支付流程

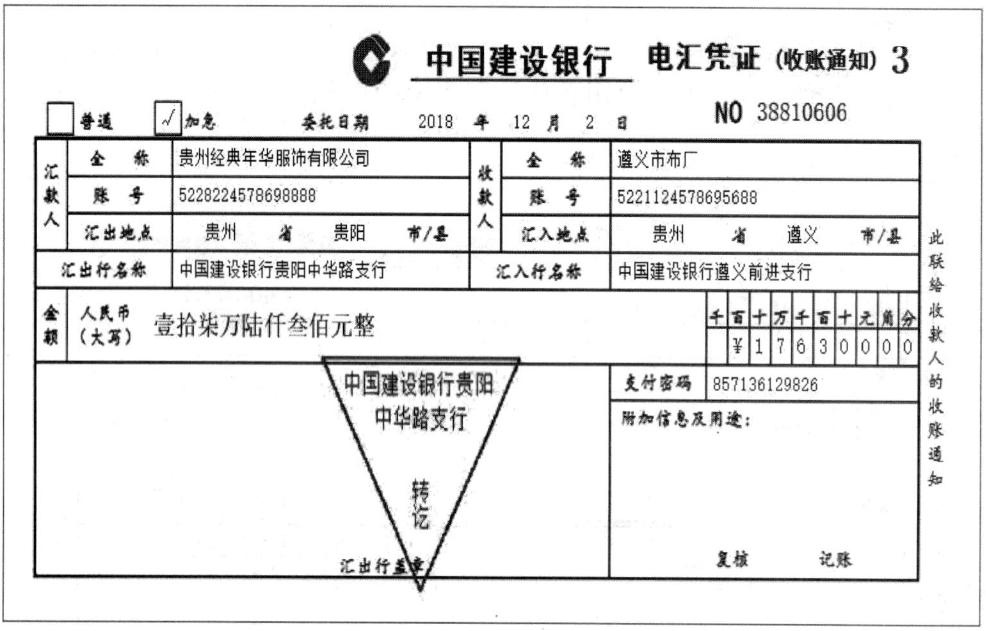

中国建设银行　电汇凭证（收账通知）3

□普通　☑加急　委托日期　2018 年 12 月 2 日　NO 38810606

汇款人	全　称	贵州经典年华服饰有限公司	收款人	全　称	遵义市布厂
	账　号	5228224578698888		账　号	5221124578695688
	汇出地点	贵州 省 贵阳 市/县		汇入地点	贵州 省 遵义 市/县
汇出行名称		中国建设银行贵阳中华路支行	汇入行名称		中国建设银行遵义前进支行
金额	人民币（大写）	壹拾柒万陆仟叁佰元整		千百十万千百十元角分	¥17630000
				支付密码	857136129826
				附加信息及用途：	

中国建设银行贵阳中华路支行　转讫

汇出行盖章　　复核　　记账

此联给收款人的收账通知

图 3-27　银行电汇凭证

六、托收承付

（一）托收承付结算的概念及种类

1. 概念

托收承付又称异地托收承付，是指根据购销合同由收款人发货后委托银行向异地付款人收取款项，由付款人向银行承认付款的结算方式。托收承付结算方式适用于商品，以及因商品交易而产生的劳务供应的款项。代销、寄销、赊销商品的款项不得办理托收承付结算。

2. 分类

托收承付结算方式分为邮寄和电划两种。

邮寄是指收款人委托银行通过邮寄方式将款项划转给收款人的结算方式。电划是指收款人委托银行通过电报将款项划转给收款人的结算方式。

（二）托收与承付

1. 托收

托收是指收款人根据购销合同发货后，委托银行向付款人收取款项的行为。开户银行接到托收承付结算凭证及其附件后，按照托收范围、条件和托收凭证填制的要求认真审查，经审查无误的，办理托收手续，在托收承付结算凭证第一联加盖业务用公章后退回收款单位。若审查不合要求，银行不予办理，退回托收凭证及有关单证。

2. 承付

承付是指付款人向银行承认付款的行为。付款人开户银行收到托收凭证及其附件后，应当及时通知付款人。付款单位出纳人员收到开户银行转来的托收承付委托收款凭证第五联及有关发运单证后，应立即登记“异地托收承付付款登记簿”和“异地托收承付付款处理单”，然后交业务部门签收。

（三）托收承付的付款方式

1. 验单付款方式

采用验单付款时，由付款单位的业务部门会同财务部门仔细审查托收承付结算凭证及有关单证，审查其价格、品种、规格、质量、数量等是否与双方签订的合同相符，之后做出如何承付货款的决定。

2. 验货付款方式

付款单位要在货到达后，对实际收到的货物和有关单证、合同进行核对，之后签署意见。采用验单付款的，其承付期为 3 天，从付款单位开户银行发出承付通知次日算起，遇例假日顺延。对距离较远的付款单位必须邮寄的，另加邮寄时间。采用验货付款的，其承付期为 10 天，从运输部门向付款单位发出提货通知的次日算起。托收承付（受理回单）如图 3-28 所示。

托收承付（受理回单）

委托日期　　年　月　日

<table>
<tr><td rowspan="3">付款人</td><td>全称</td><td colspan="4"></td><td rowspan="3">收款人</td><td>全称</td><td colspan="10"></td></tr>
<tr><td>账号</td><td colspan="4"></td><td>账号</td><td colspan="10"></td></tr>
<tr><td>开户行</td><td colspan="4"></td><td>开户行</td><td colspan="10"></td></tr>
<tr><td rowspan="2">托收金额</td><td colspan="7" rowspan="2">人民币
（大写）</td><td>千</td><td>百</td><td>十</td><td>万</td><td>千</td><td>百</td><td>十</td><td>元</td><td>角</td><td>分</td></tr>
<tr><td></td><td></td><td></td><td></td><td></td><td></td><td></td><td></td><td></td><td></td></tr>
<tr><td colspan="2">附件</td><td colspan="6">商品发运情况</td><td colspan="10">合同名称号码</td></tr>
<tr><td colspan="2">附寄单据张数或册数</td><td colspan="6"></td><td colspan="10"></td></tr>
<tr><td colspan="3">备注</td><td colspan="5">款项收妥日期

年　月　日</td><td colspan="10">（收款人开户行盖章）
年　月　日</td></tr>
</table>

图 3-28　托收承付（受理回单）

（四）托收承付结算的注意事项

（1）收付双方采用托收承付结算必须签有购销合同，合同上订明使用托收承付结算方式。

（2）收款人办理托收，必须具备商品确已发运的证件（包括铁路、航运、公路等运输部门签发的运单、运单副本和邮局包裹回执）。

（3）托收承付结算每笔的金额起点为 10,000 元，新华书店系统每笔的金额起点为 1,000 元。

（4）托收承付结算不得背书转让。

（五）托收承付结算的流转程序

托收承付结算的流转程序如图 3-29 所示。

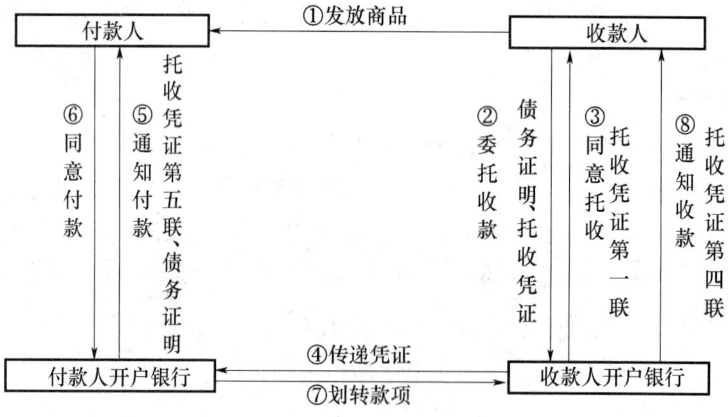

图 3-29　托收承付结算的流转程序

【例 3-7】 2018 年 12 月 5 日，贵州经典年华服饰有限公司采用托收承付结算方式向云南开心百货公司销售服装一批（购销合同号：524762456），开出增值税专用发票，价税款合计为 46,000.00 元。同时垫付运费 4,000.00 元，取得运费发票（运单号：HY57426821）。出纳人员填制托收承付单据如图 3-30 所示。

七、委托收款

（一）委托收款结算的概念及种类

1. 概念

委托收款是指收款人委托银行向付款人收取款项的结算方式。委托收款结算方式适用范围十分广泛，无论是同城还是异地都可以使用。单位和个人凭已承兑商业汇票、债券、存单等付款人债务证明办理款项的结算，均可以使用委托收款结算方式。

2. 种类

按款项的划回方式不同，委托收款可以分为邮寄和电报两种。委托收款样式如图 3-31 所示。

托收承付（受理回单）

委托日期 2018 年 12 月 05 日

<table>
<tr><td rowspan="3">付款人</td><td>全称</td><td>贵州经典年华服饰有限公司</td><td rowspan="3">收款人</td><td>全称</td><td colspan="10">云南开心百货公司</td></tr>
<tr><td>账号</td><td>5228224578698888</td><td>账号</td><td colspan="10">3524136522368412</td></tr>
<tr><td>开户行</td><td>中国建设银行贵阳中华路支行</td><td>开户行</td><td colspan="10">中国工商银行昆明分行</td></tr>
<tr><td rowspan="2">托收金额</td><td colspan="4" rowspan="2">人民币
（大写）伍万元整</td><td>千</td><td>百</td><td>十</td><td>万</td><td>千</td><td>百</td><td>十</td><td>元</td><td>角</td><td>分</td></tr>
<tr><td></td><td></td><td>¥</td><td>5</td><td>0</td><td>0</td><td>0</td><td>0</td><td>0</td><td>0</td></tr>
<tr><td colspan="3">附件</td><td colspan="2">商品发运情况</td><td colspan="10">合同名称号码</td></tr>
<tr><td colspan="2">附寄单据张数或册数</td><td>叁</td><td colspan="2">已发货，运单号HY57426821</td><td colspan="10">购销合同号：524762456</td></tr>
<tr><td colspan="3">备注</td><td colspan="4">款项收妥日期

年 月 日</td><td colspan="8">（收款人开户行盖章）

年 月 日</td></tr>
</table>

图 3-30 托收承付单据（例 3-7）

委邮

委托收款（受理回单）

委托日期 年 月 日

<table>
<tr><td rowspan="3">付款人</td><td>全称</td><td></td><td rowspan="3">收款人</td><td>全称</td><td colspan="10"></td></tr>
<tr><td>账号</td><td></td><td>账号</td><td colspan="10"></td></tr>
<tr><td>开户行</td><td></td><td>开户行</td><td colspan="10"></td></tr>
<tr><td rowspan="2">委收金额</td><td colspan="4" rowspan="2">人民币
（大写）</td><td>千</td><td>百</td><td>十</td><td>万</td><td>千</td><td>百</td><td>十</td><td>元</td><td>角</td><td>分</td></tr>
<tr><td></td><td></td><td></td><td></td><td></td><td></td><td></td><td></td><td></td><td></td></tr>
<tr><td colspan="2">款项内容</td><td colspan="3">委托收款凭证名称</td><td colspan="10">附寄单证张数</td></tr>
<tr><td colspan="2"></td><td colspan="3"></td><td colspan="10"></td></tr>
<tr><td colspan="3">备注</td><td colspan="4">款项收妥日期

年 月 日</td><td colspan="8">（收款人开户行盖章）

年 月 日</td></tr>
</table>

图 3-31 委托收款样式

（二）委托收款结算的注意事项

（1）委托收款以银行以外的单位为付款人的，委托收款凭证必须记载付款人开户银行名称。

（2）拒绝付款。付款人审查有关债务证明后，对收款人委托收取的款项需要拒绝付款的，可以办理拒绝付款应自收到委托收款及债务证明的次日起 3 日内出具拒绝证明，连同有关债务证明、凭证寄给被委托银行，转交收款人。

（3）无资金结算起点限制。

【例 3-8】2018 年 12 月 9 日，四川省天府百货公司开给贵州经典年华服饰有限公司的为期三个月的银行承兑汇票到期，贵州经典年华服饰有限公司采用邮划委托收款结算方式委托开户银行收款，银行承兑汇票金额为 55,000.00 元。出纳人员填制的委托收款单据如图 3-32 所示。

委邮

委托收款（受理回单）

委托日期　2018 年 12 月 09 日

付款人	全称	四川省天府百货公司	收款人	全称	贵州经典年华服饰有限公司
	账号	652741354100544		账号	5228224578698888
	开户行	中国建设银行成都春熙支行		开户行	中国建设银行贵阳中华路支行

委收金额	人民币	千	百	十	万	千	百	十	元	角	分
	（大写）伍万伍仟元整			¥	5	5	0	0	0	0	0

款项内容	委托收款凭证名称	附寄单证张数
销售服装	银行承兑汇票	壹张

备注	款项收妥日期	
	年 月 日	（收款人开户行盖章） 年 月 日

图 3-32　委托收款单据

（三）委托收款结算的流转程序

委托收款结算的流转程序如图 3-33 所示。

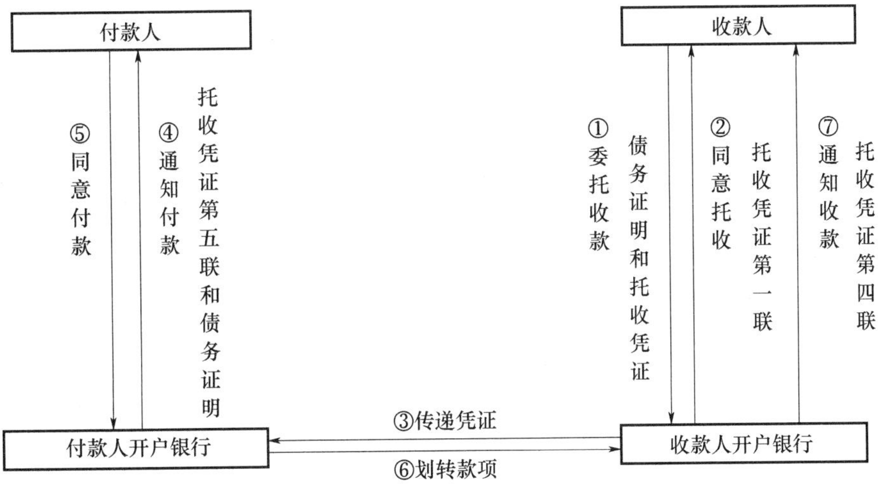

图 3-33　委托收款结算的流转程序

任务四　网上支付结算方式

网上支付是电子支付的一种形式，它是指电子交易的当事人，包括消费者、商户、银行或者支付机构，使用电子支付手段通过网络进行的货币支付或资金流转。网上支付的主要方式有网上银行和第三方支付两种。

一、网上银行

（一）网上银行的概念

1. 概念

网上银行也称网络银行，简称网银，是指银行通过计算机和互联网，为企业客户提供的金融服务。它可以为企业提供账户管理、转账汇款、代收代付、电子汇票、现金管理、国际结算、贷款服务、投资理财、电子商务、资产托管、信用卡服务等金融服务。

2. 网上银行的认证工具

网上银行的认证工具包括动态口令牌、数字证书令牌或文件证书。企业可根据需要选择申请使用一种或多种认证工具或认证工具组合。

（二）企业网上银行的功能

（1）账户信息查询。

（2）支付指令。

（3）BtB（Business to Business）网上支付，即企业之间进行的电子商务活动。

（4）批量支付。

（三）企业开通网上银行的流程（图 3-34）

1. 客户开户流程

开户时，必须出具身份证或有关证件，并遵守有关实名制规定。

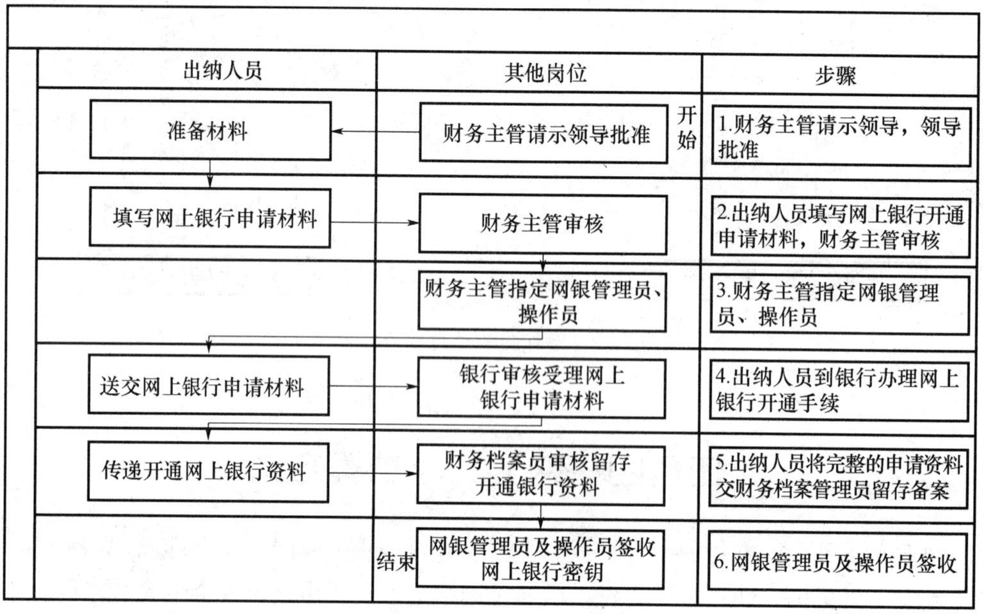

图 3-34　企业开通网上银行的流程

2. 网上交易

网上银行的具体交易流程如下：

（1）客户使用浏览器通过互联网链接到网银中心，发出网上交易请求。

（2）网银中心接受并审核客户的交易请求，并将交易请求转发给相应成员行的业务主机。

（3）成员行业务主机完成交易处理，并将处理结果返回给网银中心。

（4）网银中心对交易结果进行再处理后，返回相应信息给客户。

3. 交易时的身份认证

（1）密码。

（2）文件数字证书。

（3）动态口令卡。

（4）动态手机口令。

（5）移动口令牌。

（6）移动数字证书。

二、第三方支付

（一）第三方支付的概念

第三方支付是指经过中国人民银行批准从事第三方支付业务的非银行支付机构，借助通信、计算机和信息安全技术，采用与各大银行签约的方式，在用户与银行支付结算系统间建立连接的电子支付模式（其中通过手机端进行的，称为移动支付），本质上是一种新型的支付手段，是互联网技术与传统金融支付的有机结合。

非金融机构提供支付服务，应当取得《支付业务许可证》，称为支付机构。未经中国人民银行批准，任何非金融机构和个人不得从事或变相从事支付业务。

（二）第三方支付的种类

1. 线上支付

线上支付是指通过互联网实现的用户和商户之间、商户和商户之间的在线货币支付、资金清算等行为。

2. 线下支付

线下支付指通过非线上支付方式进行的支付行为，包括 POS 机刷卡支付，拉卡拉等自助终端支付，手机近端支付等方式。POS 机由企业向开户行申请，开户行向中国银行申请，最终由中国银联安排安装和后续服务，中国银联收取一定的押金以及刷卡手续费。

任务五　银行存款日记账的登记与清查

一、银行存款日记账的设置和登记方法

（1）银行存款日记账（表 3-2）是出纳人员根据有关银行存款的收款凭证、付款凭证，按照经济业务发生的时间顺序，逐日逐笔地记录和反映银行存款的增减变化及其结果的账簿。

（2）银行存款日记账一般采用订本式账簿，使用设有“借方（或收入）”“贷方（或支出）”“余额（或结余）”三栏式基本结构的账页。

（3）登记银行存款日记账时，出纳人员根据有关银行存款的收款凭证、付款凭证，分别填写“年、月、日”“凭证编号”“摘要”各栏；“结算方式”栏根据所发生的经济业务的结算凭证的种类和编号填写；“借方”栏根据银行存款收款凭证或现金付款凭证合计行金额填写；“贷方”栏根据银行存款付款凭证合计行金额填写；“余额”栏根据借方或贷方金额计算填列，其结果表示银行存款的结存数额。期末，应将本单位的银行存款日记账与开户银行转来的对账单进行逐笔核对，以检验企业银行存款日记账的记录是否正确。

表 3-2　银行存款日记账

年		凭证		摘要	借方								贷方								余额							
月	日	字	号		十	万	千	百	十	元	角	分	十	万	千	百	十	元	角	分	十	万	千	百	十	元	角	分

二、银行存款的清查

（1）银行存款的清查是通过与单位开户银行核对账目记录的方法进行的。

（2）银行存款清查工作。银行存款清查之前将本单位所发生的经济业务登入银行存款日记账，然后对账面记录进行检查复核，确定账簿记录是完整、准确的，再将银行提供的对账单与银行存款日记账账面记录进行逐步核对。一般情况下，经过核对，即使本单位的银行存款日记账上与开户银行转来的对账单上双方记录都正确无误，也会出现双方余额不相等的情况。这是由于银行存款日常的收付业务频繁，开户银行和本单位在办理结算手续和凭证传递、入账的时间不一致造成的，即本单位银行存款日记账上或开户银行对账单上存在“未达账项”。

（3）“未达账项”是指企业与银行由于记账时间不一致而发生的一方已入账，另一方尚未入账的会计事项。

未达账项大致有以下四种情况：

（1）企业收到款项后已送存银行，企业已入账，但银行尚未入账。

（2）企业开出各种付款凭证，已记入银行存款日记账，但银行尚未入账。

（3）银行代企业收进的款项，银行已入账，但企业尚未收到有关凭证，未能登记入账。

（4）银行代企业支付的款项，银行已入账，但企业尚未收到有关凭证，未能登记入账。

上述任何一种情况的出现，都会造成企业银行存款日记账账面余额与开户银行对账单上的余额不相符。因此，在核查时若双方账上没有错记、漏记的业务，应注意有无未达账项。如果发现存在未达账项，必须根据未达账项及有关数据编制银行存款余额调节表，再通过此表检验双方结余数额是否一致。

现举例说明银行存款清查的方法和银行存款余额调节表的编制方法。

【例 3-9】贵州经典年华服饰有限公司 2018 年 10 月银行存款日记账和银行提供的对账单见表 3-3、表 3-4。

表 3-3　银行存款日记账

存款种类：基本存款户　　　　第 45 页

2018 年		凭证编号	摘要	结算方式		借方	贷方	借或贷	结余	√
月	日			种类	号数					
10	25	银收 8	产品销售收入	托收	4321	20,000		借	150,000	
	25	银付 11	材料采购（A 种材料）	转	50170		24,000	借	126,000	
	26	银付 12	材料采购（运费）	转	50171		1,000	借	125,000	
	27	银付 13	库存现金	现	40293		20,180	借	104,820	
	27	银付 14	管理费用（办公费）	转	50172		720	借	104,100	
	28	银收 9	应收账款（年华公司）	电汇		11,200		借	115,300	
	29	银收 10	产品销售收入（乙产品）	转	6588	21,600		借	136,900	
	30	银付 15	管理费用（保险）	现	40294		8,400	借	128,500	

表 3-4　银行对账单

户名：贵州经典年华服饰有限公司　　　　账号：3145080

2018 年		结算方式		借方	√	贷方	√	余额
月	日	类	号码					
10	25	托收	4321			20,000		150,000
	25	转支	50170	24,000				126,000
	26	转支	50171	1,000				125,000
	27	现支	40293	20,180				104,820
	27	转支	50172	720				104,100
	28	托收				37,000		141,100
	29	电汇	6588			11,200		152,300
	30	托收	40294	14,500				137,800

该企业“银行存款日记账”期末余额为 128,500 元，银行对账单上余额为 137,800 元。经逐笔核对，查明以下未达账项：

（1）该企业销售女装收到货款 21,600 元（转账支票）；银行尚未收到单据，没有入账。

（2）该企业支付租金 8,400 元（现金支票）；银行尚未收到单据，没有入账。

（3）银行代企业收到北京华联公司款项 37,000 元，已划入企业存款账上，而企业尚未收到有关凭证，没有入账。

（4）银行代企业支付电费 14,500 元，已从企业存款账上划出；企业尚未收到有关凭证，没有入账。

根据上述资料，编制银行存款余额调节表，见表 3-5。

表 3-5　银行存款余额调节表

存款种类：结算户存款　　　　　　2018 年 3 月 31 日

项目	金额	项目	金额
企业银行存款日记账余额	128,500	银行对账单余额	137,800
加：银行已收，企业未收	37,000	加：企业已收，银行未收	21,600
减：银行已付，企业未付	14,500	减：企业已付，银行未付	8,400
调整后的存款余额	151,000	调整后的存款余额	151,000

调整后的存款余额相等，一般情况下可以说明双方账面记录无误。如果调整后的存款余额不等，说明双方账面记录有差错，需进一步核对账目，查找原因，并加以更正。调节后的存款余额表明企业可以支用的银行存款实有数额。调整记录不能作为单位调整账面记录的依据，只有收到有关凭证后，才能据以作账务处理。

实训三　做中学　学中练

一、单项选择题

1. 下列经济事项属于银行支付结算行为的是（　　）。

A. 甲公司用现金向职工发放工资

B. 乙公司出纳人员向出差人员支付 5,000 元差旅费

C. 老李归还老张 200 元借款

D. 丙公司用转账支票支付培训单位 3 万元培训款

2. 下列各项中，不属于单位、个人和银行办理支付结算业务时必须遵守的原则的是（　　）。

A. 银行不垫款　　　　B. 谁的钱进谁的账，由谁支配

C. 恪守信用，履约付款　　　　D. 先保障收款人的利益

3. 下列各项中，不属于支付结算票据的是（　　）。

A. 支票　　B. 汇票　　C. 本票　　D. 发票

4. 收款人委托银行向付款人收取款项的结算方式为（　　）。

A. 委托收款　　B. 汇兑　　C. 托收承付　　D. 支票结算

5. 一般存款账户不能用于办理（　　）。

A. 借款转存　　B. 借款归还　　C. 现金缴存　　D. 现金支取

6. 根据《人民币银行结算账户管理办法》的规定，不可以申请开立基本存款账户的是（　　）。

A. 个体工商户　　B. 村民委员会　　C. 居民个人　　D. 外国驻华机构

7. 下列各项中，主要办理存款人日常经营活动的资金收付及其工资、奖金和现金的支取的账户是（　　）。

A. 一般存款账户　　B. 基本存款账户　　C. 专用存款账户　　D. 临时存款账户

8. 临时存款账户有效期为（　　）。

A. 最长不得超过 2 年　　B. 最长不得超过 1 年

C. 最短不得少于 2 年　　D. 最短不得少于 1 年

9. 汇票付款人承诺在汇票到期日支付的票据金额并签章的行为指的是（　　）。

A. 背书　　B. 保证　　C. 承兑　　D. 出票

10. 根据《支付结算办法》的规定，支票的持票人应自出票日起（　　）日内提示付款。

A. 5　　B. 10　　C. 15　　D. 30

11. 银行汇票的有效期限自出票日起（　　）。

A. 1 个月　　B. 1 年　　C. 2 年　　D. 3 年

12. 根据《支付结算办法》的规定，商业汇票的付款期限自出票日起计算，最长不得超过（　　）。

A. 3 个月　　B. 6 个月　　C. 9 个月　　D. 12 个月

二、实训题

1. 2018 年 3 月 21 日，贵州经典年华服饰有限公司出纳人员张平开出一张转账支票 6,789 元用于向大唐工贸公司购买办公设备。请完成该张支票的填写工作。企业地址：贵州省贵阳市中华中路 121 号；法人代表为李晓成；税务登记号为 1102233546889；开户银行为中国建设银行贵阳中华路支行；银行账号为 5228224578698888；会计主管为王兴明；会计为吴浩；出纳为张平。

中国建设银行
现金支票存根
52010598
09452204

附加信息____________

出票日期　年　月　日

收款人：

金额：

用途：

单位主管　　会计

中国建设银行转账支票　　52010598 09452204

出票日期（大写）　年　月　日　　付款行名称：中国建设银行贵阳中华路支行

收款人：　　出票人账号：5228224578698888

人民币（大写）	亿	千	百	十	万	千	百	十	元	角	分

用途________　　密码________

上列款项请从

我账户内支付

出票人签章　　复核　　记账

2. 2018 年 12 月 2 日，贵州经典年华服饰有限公司从银行提取现金 3,000 元备用，填写现金支票。

中国建设银行 现金支票存根 52010121 09452110 附加信息 出票日期　年　月　日 收款人： 金额： 用途： 单位主管　　会计	中国建设银行现金支票　52010121 09452110 出票日期（大写）　年　月　日 付款行名称：中国建设银行贵阳中华路支行 收款人：　出票人账号：5228224578698888 人民币（大写）　亿 千 百 十 万 千 百 十 元 角 分 用途＿＿＿＿　密码＿＿＿＿ 上列款项请从 我账户内支付 出票人签章　　复核　　记账

3. 贵州经典年华服饰有限公司 2018 年 12 月 31 日收到开户银行提供的银行存款对账单，余额为 241,580 元。同日，企业银行存款日记账余额为 425,940 元。经过逐笔核对，发现有以下未达款项：

（1）28 日，银行已代扣公司应缴水电费 31,200 元已入账，企业尚未入账。

（2）29 日，银行已将企业的存款利息收入 4,880 元入账，企业尚未入账。

（3）29 日，银行已为公司代收客户货款 118,200 元入账，企业尚未入账。

（4）30 日，企业存入销货款转账支票 280,000 元，银行尚未收妥，未能入账。

（5）30 日，贵州经典年华服饰有限公司开出转账支票，支付机器设备修理费 3,760 元，对方未及时办理转账手续，银行还未入账。根据以上资料，编制银行存款余额调节表。

银行存款余额调节表

开户银行：

银行账号：　　　　年　月　日止　　　币种：　　金额：　元

项目	余额	项目	余额
银行存款日记账账面余额		银行对账单账面余额	
加：银行已收，企业未收款项		加：企业已收，银行未收款项	
减：银行已付，企业未付款项		减：企业已付，银行未付款项	
调节后余额		调节后余额	

4. 贵州经典年华服饰有限公司本月“银行存款”账户的月初余额为 800,000 元。

（1）1 日，投资人按投资合同送来一张金额为 250,000 元转账支票，公司会计人员填制进账单 33214 号一式两联后将之一并送存银行。

（2）3 日，填制还款凭据 183421 号用银行存款 100,000 元归还为期 9 个月现已到期的银行贷款。

（3）6 日，公司会计开出转账支票 8976541 号用于偿付上月的购料货款 120,000 元，已收到对方开来的收款收据。

（4）8 日，开出现金支票 0265401 号，从银行提取现金 2,000 元备用。

（5）10 日，公司经理出差预借 1,500 元差旅费，公司开出现金支票 0265402 号付出。

（6）12 日，收到 AQ 公司支付上月的购货款 50,000 元的转账支票一张，公司会计人员填制进账单 33215 号一式两联后将之一并送存银行。

（7）15 日，凭电信话费收据开出转账支票 8976542 号支付本月公司机关的电话费 1,600 元。

（8）17 日，用银行电汇支付前欠某市钢材公司的货款 40,000 元，电汇报销凭证为 123654 号。

（9）20 日，收到 MB 公司送来的支付本月劳务款 51,750 元的转账支票一张，公司将之送存银行，进账单 33216 号。

（10）24 日，开出转账支票 8976543 号付公司产品宣传广告费 4,100 元。

（11）25 日，通过银行转账上缴营业税金 3,500 元，税务收据号码为 1935624 号。

（12）30 日，通过调查，公司存放在某市一家金融机构的款项 50,000 元，已无法收回。

①根据资料开设银行存款日记账，登记月初余额。

②根据资料登记银行存款日记账。

银行存款日记账

年		凭证		摘要	借方								贷方								余额							
月	日	字	号		十	万	千	百	十	元	角	分	十	万	千	百	十	元	角	分	十	万	千	百	十	元	角	分

项目四　其他业务

任务一　印鉴章保管及凭证保管

在实际业务中，出纳人员不仅要办理日常现金业务的收付，银行结算业务的收付，期末的对账及结账工作等，同时还需要对企业印鉴章和相关凭证进行妥善保管。

一、印鉴章保管知识

印鉴是为了防止假冒、辨别真伪，在支付款项的开户银行内预留供核对印章的依据，是企业财权证书，代表单位支配资金的权利。因此，印鉴的管理既要有利于工作，又要便于分清责任。在实际工作中，由于会计制度对印鉴的保管和使用没有明确的规定，所以用法各异。有的是三枚印章（财务专用章和两枚人名章）；有的是单位公章，有的是财务印章。从银行管理的角度出发，为了便于印鉴的核对，减少柜面的工作压力，根据中国人民银行的规定，单位预留印鉴，原则上为单位财务专用章和单位财务负责人个人印鉴章各一枚（图 4-1）。

图 4-1　单位预留印鉴

财务专用章是代表企业行使财权的公章，同时也能代表会计部门；法人章其实就是单位的公章。但是由于人们在习惯上将真正的法人章称为公章，反而将法定代表人章称为法人章，在一定程度上已经约定俗成。所以将圆形的企事业单位或组织法人章简称为公章，而把方形的法定代表人章简称为法人章，只要沟通双方理解没问题即可。

至于印鉴的保管，实际操作中也有很多做法。一般情况下，由出纳人员保管法定代表人名章，由会计主管、会计或者复核人员保管财务专用章的做法为妥。这样做既有利于互相监督，又便于明确责任。之所以说是互相监督而不是互相牵制，是因为万一印鉴保管的两人中有一人外出，可以临时加盖几张印鉴齐备的支票，供一方先行使用，待一方回来后再做工作交接，这样，就不至于影响正常工作的开展了。

在印鉴的保管方面，特别要提醒一下，企业在建立会计档案的时候，其中包括企业印鉴档案的内容，载明印鉴印模、启用日期、注销日期、开户银行、账号性质、复核人员姓名等以备查考。在印鉴的使用方面，需要签发支票付款时，一般先由出纳人员根据支票管理制度的规定，填写好票据，然后交复核人员审查该付款项目是否列入了开支计划，是否符合开支规定，如无不妥，则加盖财务专用章，出纳人员再加盖法定代表人章正式签发。这样也就真正起到了付款时的复核作用。

二、凭证保管

每一名财务人员都有责任保证会计凭证的完整与安全，出纳人员保管的凭证包括各种收付款单据、空白票据、作废票据、有价证券、现金日记账、银行存款日记账、现金盘点表、银行对账单、资金报告、凭证交接单、工作交接单等。

出纳人员在保管这些凭证时，应该注意以下事项：

1. 现金收付款单据的保管

现金收付款单据应在业务办理完毕后及时存放到抽屉中，防止丢失。下班前还应将收付款单据及时交接给会计人员，并编制移交清单，以明确责任。

2. 现金支票、转账支票等空白及作废凭证的保管

空白支票是空白票据的主要内容，企业对空白支票必须严格管理，明确指定专人负责保管，要贯彻票、印分管的原则，空白支票和印章不得由一人负责保管。单位撤销、合并、结清账户时，应将剩余的空白支票填列一式两联清单，全部交回银行注销；要严格控制携带空白支票外出采购；设置空白支票签发登记簿，实行空白支票领用销号制度。经单位领导批准，出纳人员签发空白支票后，应在空白支票签发登记簿上加以登记。

收据是企事业单位在经济活动中使用的原始凭证，主要是指财政部门机制的盖有财政票据监制章的收付款凭证。空白收据一经填制，并加盖有关印鉴后，即可成为结算的一种书面证明。空白收据一般应由主管会计人员保管，根据业务需要派发给出纳人员或其他有关人员。领用时应由领用人签字，用完后要及时归还、核销。不得将空白收据带出工作单位使用，作废的收据要加盖“作废”印鉴。

3. 有价证券的保管

有价证券平时一般存放于保险柜中，应经常查看保存情况。值得注意的是，要对各种有价证券的面额和号码予以保密。出纳人员在收到有价证券时应在备查簿中进行登记，注意票据到期日，及时办理兑换手续。

4. 现金日记账和银行存款日记账的保管

现金日记账和银行存款日记账要设立专门的档案柜进行保管。

5. 银行存款余额调节表、银行对账单、资金报表、凭证交接表等的保管

这类单据是出纳人员风险转移的重要依据，也是出纳人员在工作岗位上进行自我保护的重要依据，因此要用专门的文件夹或文件柜进行保管。

6. 其他凭证的保管

出纳人员在工作过程中遇到的其他类型的单据，应遵循保密、安全等相关原则进行保管。

7. 凭证保管时间

现金日记账和银行存款日记账的保管期限为30年。现金日记账和银行存款日记账的保管，要注意防潮、防蛀等，避免对账簿保存造成不利影响。银行存款余额调节表、

银行对账单的保管期限为 10 年。

出纳凭证在保存期满后，需要办理销毁的，要经领导审查并报经上级主管部门批准后才能进行。在销毁凭证资料时，应由凭证保管部门和财务部门共同派人监销。

任务二　工资发放

工资发放是每个企业、单位都有的工作，出纳人员在发放工资时一定要小心谨慎，不能有任何失误。

一、准备工作

每个企业和单位都应该制定薪酬管理制度。这项制度中会对薪酬组成、薪酬等级、支付薪酬的时间、审批程序等做出明确的规定。但是每个企业单位发放工资的时间和情况都有所差别。一般来说，出纳人员在发放工资之前，要先弄明白工资发放的时间、工资单需要哪些人审批、以及何种形式发放的问题。

二、发放工资

出纳人员做完准备工作后，就该正式发放工资了。实务工作中，工资的发放可以采用两种形式：现金发放和通过开户行代发工资。

（一）现金发放流程

现金发放的流程如图 4-2 所示。

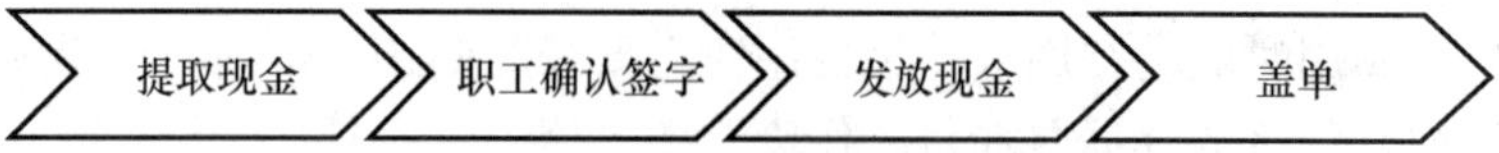

图 4-2　现金发放的流程

1. 提取现金

出纳人员应根据相关领导签字审核后的工资表中的“实发工资”数作为提现的依据，通过填写现金支票的方式到银行提取现金以备发放工资，见表 4-1、图 4-2、图 4-3。

表 4-1　贵州经典年华服饰有限公司

2018 年 11 月工资表

序号	姓名	基本工资	工龄工资	加班或扣款	应发工资	社保费	公积金	代扣个税	实发工资	领款人签字
1	李晓成	8,000.00	1,000.00		9,000.00	990.00	900.00	256.00	6,854.00	
2	王兴明	5,000.00	850.00		5,850.00	643.50	585.00	33.65	4,587.85	
3	吴浩	3,500.00	500.00	100.00	4,100.00	451.00	410.00		3,239.00	
4	张平	3,000.00	200.00		3,200.00	352.00	320.00		2,528.00	
…										
	合计				250,100.00	27,511.00	25,010.00	5,721.00	191,858.00	

图 4-3　现金支票（1）

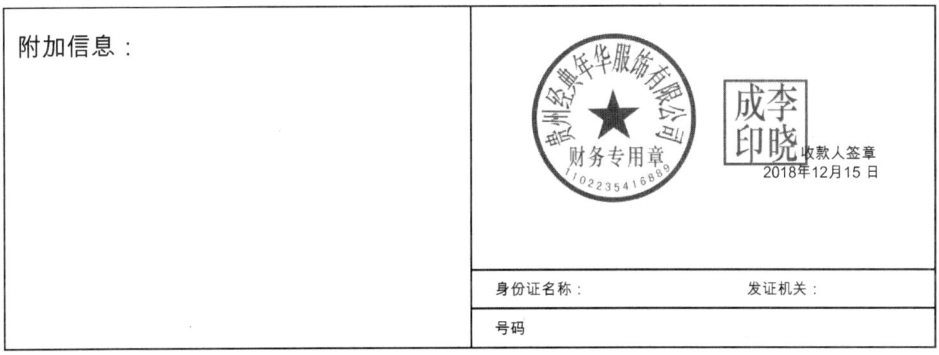

图 4-4　现金支票（2）

2. 职工确认签字

在发放现金前，需要每位职工在工资表上对应位置签字确认，知道自己的工资组成与实得金额。

3. 发放现金

发放现金时，出纳人员首先要保证现金的安全，其次要细心。发放时出纳人员与领款人现场确认金额无误后，出纳人员应提供验钞设备，提示领款人当面复验钞票真伪，告知领款人若离开后发现假钞，则不予退回。

4. 盖章

工资发放完毕后，出纳人员应在工资表上加盖“现金付讫”章，之后将工资表移交给会计人员进行账务处理。

（二）开户行代发工资

银行代发工资是公司委托银行向公司员工代发工资的一项服务。通过银行转账将工资汇入各位员工的银行账户里。公司委托银行代发工资时，一般需要与银行签订代发工资协议。签完协议后，公司每个月的工资就可以通过银行转账。

银行代发工资的流程如图 4-5 所示。

图 4-5　银行代发工资的流程

1. 签订协议

企业第一次办理银行代发工资业务时，应先与开户银行签订一份代发工资协议书，声明双方的责任、义务及后期事项等。代发工资协议各有不同，具体咨询各开户银行。

2. 款项划转

一般情况下，企业会在银行开立一个专门用于发放工资的账户，也可使用基本户。工资发放时，出纳人员应按照代发工资协议书，按约定的时间将代发工资资金足额转到开户行指定账户，并向开户行提供纸质或电子版的代发工资明细表、转账支票及进账单。

若直接使用基本账户代发工资，只要该账户余额足以发放工资，也可不必再单独转款到此账户。

3. 履约发放

开户行按照代发工资协议约定和出纳人员提供的代发工资清单，按时将应发给员工的工资足额转入每位员工的个人账户，并向公司收取一定的手续费，付款通知书如图 4-6 所示。

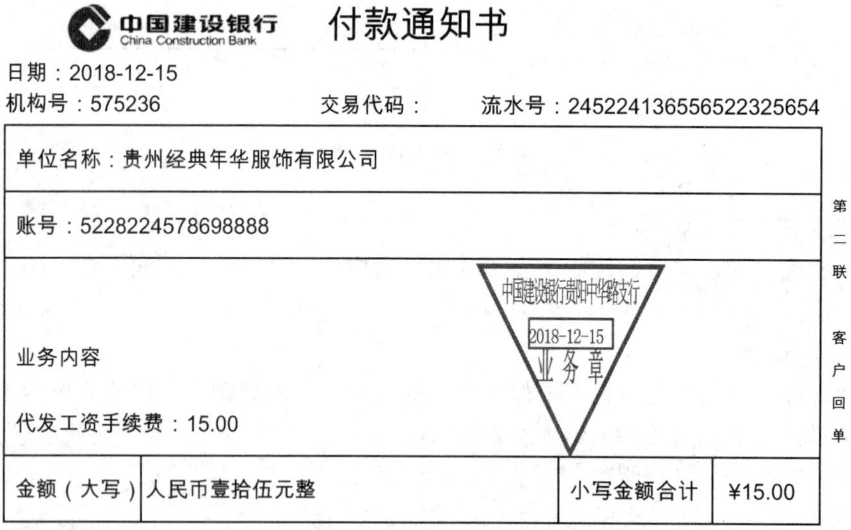
中国建设银行 China Construction Bank　付款通知书

日期：2018-12-15

机构号：575236　交易代码：　流水号：24522413655652232565 4

单位名称：贵州经典年华服饰有限公司			
账号：5228224578698888			
业务内容 代发工资手续费：15.00			
金额（大写）	人民币壹拾伍元整	小写金额合计	¥15.00

第二联　客户回单

中国建设银行贵阳中华路支行　2018-12-15　业务章

图 4-6　付款通知书

随着网上银行的普及，现在很多单位选择了更便捷的发放工资方式，那就是通过企业的网上银行，直接在网银中将所需代发工资的明细上传至代发代扣系统，银行后台通过审核后，就可将工资转入各个员工银行账户里。这种方式中，出纳人员只需将代发工资的模板（表 4-2）做好，上传至系统后，由企业有审核权限的会计在网上进行审计，无误后提交银行审核发放。

表 4-2　2018 年 11 月代发工资模板

序号	姓名	银行账号	实发工资
1	李晓成	5225722365202352	6,854.00
2	王兴明	5224789624741141	4,587.85
3	吴浩	5227655141006545	3,239.00
4	张平	5257102585125541	2,528.00
…			
	合计		191,858.00

网上银行代发工资的优点在于，能节约出纳人员往返银行的办事时间，同时也能很及时地发放工资。需要注意的是，无论是银行代发还是网上银行代发工资，员工的姓名和工资卡账号一定要准确无误，否则耽误工资发放。

任务三　备查账簿登记

一、出纳备查账簿设置的意义和种类

出纳备查账簿（也称辅助账簿），是根据企业内部管理的需要，对某些在日记账和分类账中不能登记或登记不全的会计事项进行补充登记的账簿。通过设置出纳备查账簿，可以加强内部管理或为某些经济业务的内容提供必要的参考资料。

出纳岗位所涉及的备查账簿主要有支票使用登记簿、应收票据备查簿、应付票据备查簿、托收承付、委托收款登记簿等。出纳备查账簿的格式一般由各单位根据需要自行确定。

二、备查账簿的登记

（一）支票使用登记簿

支票使用登记簿是用于记录现金支票和转账支票的使用情况的一种账簿，目的是加强对空白支票的使用管理，明确经济责任，防止意外发生。该账簿没用固定格式，可以根据企业自身需求设计，可以分别设置现金支票和转账支票使用记录表（表 4-3，表 4-4），也可将二者合一见表 4-5。

表 4-3　现金支票使用记录表

日期	使用支票号码	收款单位	用途	金额	领用人签字

表 4-4 转账支票使用记录表

日期	使用支票号码	收款单位	用途	金额	领用人签字

表 4-5 支票使用记录表

日期	支票种类及支票号码	收款单位	用途	金额	领用人签字

填写方法：根据签发支票的日期、支票号码、收款单位、用途、金额等逐一填写，并领取支票的当事人签字确认。

【例 4-1】 2018 年 12 月 3 日，签发转账支票一张，用于支付贵阳恒华机械设备有限公司设备款 112,350.00 元，支票号码为 24871441。由贵阳恒华机械设备有限公司出纳人员张蔷领取，见表 4-6。

表 4-6 转账支票使用记录表

日期	使用支票号码	收款单位	用途	金额	领用人签字
2018.12.03	24871441	贵阳恒华机械设备有限公司	设备款	112,350.00	张蔷

（二）应收票据备查登记簿

应收票据备查登记簿（表 4-7）是用于记录和反映在采用商业汇票结算方式下，销货单位收到购货单位承兑的商业汇票和汇票到期日收回货款或退回商业汇票以及将票据贴现、转让等情况的一种账簿。由于日常的分类账无法体现具体内容，因此应收票据备查登记簿的使用非常有必要。

表 4-7 应收票据备查登记簿

应收票据情况记录						承兑		贴现		转让单位
票号	出票单位	出票日	到期日	票面金额	票面利率	日期	金额	日期	金额	

应收票据备查登记簿应根据实际收到的商业汇票信息逐一填写。

【例 4-2】2018 年 9 月 5 日，某公司向贵阳彩蝶商贸有限公司销售成衣一批，价款 78,556.00 元，税款 12,568.00 元，共计 91,124.00 元。该公司开具一张期限为三个月的商业承兑汇票，票号 XA24715741 票面利率为 6%。现今三个月期满，已如数承兑。在 2018 年 9 月 5 日收到商业汇票时应立即填写应收票据备查登记簿，将详细信息填写完整，并把商业汇票保管好。在 2018 年 12 月 5 日到期时应提示承兑单位承兑，收到承兑款项后补充应收票据备查登记簿，见表 4-8。

表 4-8　应收票据备查登记簿

应收票据情况记录						承兑		贴现		转让单位
票号	出票单位	出票日	到期日	票面金额	票面利率	日期	金额	日期	金额	
XA24715741	贵阳彩蝶商贸有限公司	2018 年 9 月 05 日	2018 年 12 月 05 日	91,124.00	6%	2018 年 12 月 05 日	92,490.86			

（三）应付票据备查登记簿

应付票据备查账簿（表 4-9）是用于记录和反映在采用商业汇票结算方式下，购货单位承兑的商业汇票和到期日支付款项等情况的一种账簿。由于日常的分类账无法体现具体内容，因此应付票据备查账簿使用非常有必要，可以让企业合理安排资金使用情况，同时尽量避免资金紧张造成逾期不能承兑对企业的信誉损害。

表 4-9　应付票据备查登记簿

收款单位	合同号	摘要	商业汇票记录					付款记录	
			票据种类	汇票号码	签发日期	承兑日期	承兑金额	日期	金额

应付票据备查登记簿的“收款单位”“合同号”“商业汇票记录”栏，根据承兑的商业汇票填列；“摘要”栏，根据经济业务的内容填列；“付款记录”栏，根据银行转来的“付款通知”填列。

【例 4-3】2018 年 9 月 9 日，根据 JD2014 号合同，某单位向广州市鸿运布料厂购进一批布料，价款为 45,600.00 元，税款为 7,296.00 元，合计 52,896.00 元。当即签发一张期限为三个月并无利息的商业承兑汇票一张，票号 SD572254。现今三个月期满，已于 2018 年 12 月 15 日如数承兑。在 2018 年 9 月 9 日签发商业汇票时应立即填写应付票据备查登记簿，将详细信息填写完整。在 2018 年 12 月 8 日到期之前应报告相关领导，提前做好资金安排。票据到期后持有人提示单位承兑，该单位按期如数承兑后，根据银行转来的“付款通知”补充应付票据备查登记簿，见表 4-10。

表 4-10　应付票据备查登记簿

收款单位	合同号	摘要	商业汇票记录					付款记录	
			票据种类	汇票号码	签发日期	承兑日期	承兑金额	日期	金额
广州市鸿运布料厂	JD2014	采购布料	商业承兑汇票	SD572254	2018 年 9 月 09 日	2018 年 12 月 08 日	52,896.00	2018 年 12 月 15 日	52,896.00

（四）销货方托收承付、委托收款登记簿

销货方托收承付、委托收款登记簿（表 4-11），是用于记录和反映采用托收承付、委托收款结算方式下，销货单位在办妥托收手续和收到货款等情况的一种账簿，目的在于做好相关款项的信息记录并及时收款。

表 4-11　销货方托收承付、委托收款登记簿

购货单位	发货日期	发票号码	货运单号	发出商品及材料			托收承付、委托收款记录					收款记录					
												已收			拒付		
				名称	数量	成本	委托日期	凭证号码	货款金额	运费	小计	日期	货款金额	运费金额	日期	金额	理由

托收承付、委托收款登记簿的"购货单位""发货日期""发货号码""货运单号""发出商品及材料""托收承付、委托收款记录"栏，根据发货时间、发票、运费单和托收承付、委托收款结算凭证填列；"收款记录"栏，根据银行转来的收款通知填列。

【例 4-4】2018 年 12 月 3 日，贵州经典年华服饰有限公司向云南彩霞商贸有限公司销售成衣 500 件，价款 35,000.00 元，税款 5,600.00 元，代垫运费 5,000.00 元，共计 45,600.00 元。填制委托收款结算凭证（号码为 241012），附增值税专用发票（1274627）和货运发票（号码 24105）送交银行办妥托收手续。2018 年 12 月 13 日，经典年华公司接到银行收账通知，销售给云南彩霞商贸有限公司的成衣货款及运费已全部收妥入账。在 2018 年 12 月 3 日办妥托收手续后应填制托收承付、委托收款登记簿，将详细信息填写完整。2018 年 12 月 13 日根据银行转来的"收款通知"补充托收承付、委托收款登记簿，见表 4-12。

（五）购货方托收承付、委托收款登记簿

购货方托收承付、委托收款登记簿（表 4-13），是用于记录和反映采用托收承付、委托收款结算方式下，购货单位在收到托收承付、委托收款凭证和到期承付款项等情况的一种账簿。

表 4-12　销货方托收承付、委托收款登记簿

购货单位	发货日期	发票号码	货运单号	发出商品及材料			托收承付、委托收款记录					收款记录					
												已收			拒付		
				名称	数量	成本	委托日期	凭证号码	货款金额	运费	小计	日期	货款金额	运费金额	日期	金额	理由
云南彩霞商贸有限公司	2018 年 12 月 03 日	1274627	24105	成衣	500	35,000	12 月 03 日	241012	40,600	5,000	45,600	12 月 13 日	40,600	5,000			

表 4-13　购货方托收承付、委托收款登记簿

日期	供应单位名称	托（委）凭证号码	发票号码	凭证张数	摘要	数量	金额			付款记录		
							货款	运费	合计	日期	金额	拒付

购货方托收承付、委托收款登记簿的“日期”“供应单位名称”“托（委）凭证号码”“发票号码”“凭证张数”“摘要”“数量”“金额”栏，根据银行转来的托收承付、委托收款结算凭证和所附的发票、货运单填列；“付款记录”根据银行转来的付款通知填列。

【例 4-5】2018 年 12 月 3 日，根据 JD2015 号合同，向广州市鸿运布料厂购进 25 匹布料，价款为 20,000.00 元，税款为 3,200.00 元，运费 3,000.00 元，合计 26,200.00 元。2018 年 12 月 5 日收到银行转来的广州市鸿运布料厂委托收款凭证 4 张：委托收款结算凭证（号码 078）、增值税专用发票（号码为 6844）、货运发票和保险单。该批布料于 2018 年 12 月 7 日验收入库，并承付该笔款项。出纳人员应于 2018 年 12 月 5 日收到银行转来的委托收款凭证后，当即填列购货方托收承付、委托收款登记簿，并于 2018 年 12 月 7 日承付后补充登记簿，见表 4-14。

表 4-14　购货方托收承付、委托收款登记簿

日期	供应单位名称	托（委）凭证号码	发票号码	凭证张数	摘要	数量	金额（元）			付款记录		
							货款	运费	合计	日期	金额（元）	拒付
2018.12.05	广州市鸿运布料厂	078	6844	4	购买布料	25	23,200	3,000	26,200	2018.12.07	26,200	

任务四　工作交接

出纳人员因故不能在原出纳岗位工作时，必须按有关规定和要求办理好工作的交接手续，做好工作的移交。通过交接，可以明确工作责任，便于接办的出纳人员熟悉工作，也有利于发现和处理出纳工作和资金管理工作中存在的问题，预防经济责任事故与经济犯罪的发生。交接后，如发现移交人在交接前经办的出纳业务有违反财务会计制度和财经纪律的，仍应由移交人负责；交接后，移交前的未了事项，移交人仍有责任协助接交人办理。

《会计法》第四十一条规定：会计人员调动工作或者离职，必须与接管人员办清交接手续。一般会计人员办理交接手续，由会计机构负责人（会计主管人员）监交；会计机构负责人（会计主管人员）办理交接手续，由单位负责人监交，必要时主管单位可以派人会同监交。

出纳交接要按照一般会计人员交接的要求进行。出纳人员调动工作或者离职时，与接管人员办清交接手续，是出纳人员应尽的职责，也是分清移交人员与接管人员责任的重大措施。办好交接工作，可以使出纳工作前后衔接，防止账目不清、财务混乱。

出纳人员办理交接手续主要有以下几个方面的原因：

（1）出纳人员辞职或离开单位；

（2）企业内部工作变动不再担任出纳职务，例如出纳岗位轮岗调换到会计岗位；

（3）出纳岗位内部增加工作人员重新进行分工；

（4）因病假、事假或临时调用，不能继续从事出纳工作；

（5）因特殊情况，如停职审查等按规定不宜继续从事出纳工作；

（6）企业因其他情况按规定应办理出纳交接工作的，如企业解散、破产、兼并、合并、分立时，出纳人员应向接收单位或清算组移交。

出纳工作交接的流程如图 4-7 所示。

图 4-7　出纳工作交接的流程

一、交接准备

准备工作包括以下几个方面：①将出纳的账簿登记完毕，并在最后一笔余额后加盖名章。②出纳的日记账与现金、银行存款总账核对相符，现金账面余额与实际库存现金核对一致，银行存款账面余额与银行对账单核对无误。③在出纳的账簿启用表上填写移交日期，并加盖名章。④整理应移交的各种资料，对未了事项要写出书面说明。⑤编制“移交清册”，填明移交的账簿、凭证、现金、有价证券、支票簿、文件资料、印鉴和其他物品的具体名称和数量。实行会计电算化的单位，从事该项工作的移交人员还应当在移交清册中列明会计软件及密码、会计软件数据磁盘、光盘及有关资料、实物等内容。

【例 4-6】贵州经典年华服饰有限公司出纳人员张平同志，因职务变动于 2018 年 12

月 25 日调离出纳岗位，由胡小华同志接任。相关表格见表 4-15～表 4-17。

表 4-15 现金日记账

2018年		凭证		摘要	借方								贷方								余额							
月	日	字	号		十	万	千	百	十	元	角	分	十	万	千	百	十	元	角	分	十	万	千	百	十	元	角	分
12	1			期初余额																			3	6	0	0	0	0
12	1			收销货款			6	0	0	0	0	0											9	6	0	0	0	0
12	1			销货款存入银行											6	0	0	0	0	0			3	6	0	0	0	0
12	5			银行提取现金		5	0	0	0	0	0	0										5	3	6	0	0	0	0
12	5			发放工资										4	9	8	8	6	0	0			3	7	1	4	0	0
12	10			张强预借差旅费											2	5	0	0	0	0			1	2	1	4	0	0
12	11			李明退回预借款				3	8	0	0	0											1	5	9	4	0	0
12	14			银行提取现金			4	0	0	0	0	0											5	5	9	4	0	0
12	15			支付招待费												7	8	0	0	0			4	8	1	4	0	0
12	17			补付差旅费											1	7	8	3	0	0			3	0	3	1	0	0
12	22			发放奖金											2	0	0	0	0	0			1	0	3	1	0	0
12	25			支付办公费												3	0	0	0	0				7	3	1	0	0 张平

表 4-16 账簿启用及接交表

<table>
<tr><td>单位名称</td><td colspan="5">贵州经典年华服饰有限公司</td><td colspan="5">公章</td></tr>
<tr><td>账簿名称</td><td colspan="5">现金日记账（第　页）</td><td colspan="5" rowspan="4">
</td></tr>
<tr><td>账簿编号</td><td colspan="5">01</td></tr>
<tr><td>账簿页数</td><td colspan="5">本账簿共计 100 页，本账簿页数：100 页
检点人盖章 吴浩</td></tr>
<tr><td>启用日期</td><td colspan="5">2018 年 1 月 1 日</td></tr>
<tr><td rowspan="3">经管人员</td><td colspan="2">单位主管</td><td colspan="2">财务主管</td><td colspan="3">复核</td><td colspan="3">记账</td></tr>
<tr><td>姓名</td><td>盖章</td><td>姓名</td><td>盖章</td><td>姓名</td><td colspan="2">盖章</td><td>姓名</td><td colspan="2">盖章</td></tr>
<tr><td>李晓成</td><td>李晓成</td><td>王兴明</td><td>王兴明</td><td>王兴明</td><td colspan="2">王兴明</td><td>吴浩</td><td colspan="2">吴浩</td></tr>
<tr><td rowspan="7">交接记录</td><td colspan="2">经管人员</td><td colspan="4">接管</td><td colspan="4">交出</td></tr>
<tr><td>职别</td><td>姓名</td><td>年</td><td>月</td><td>日</td><td>盖章</td><td>年</td><td>月</td><td>日</td><td>盖章</td></tr>
<tr><td>出纳</td><td>张平</td><td>2018</td><td>1</td><td>01</td><td>张平</td><td>2018</td><td>12</td><td>25</td><td>张平</td></tr>
<tr><td></td><td></td><td></td><td></td><td></td><td></td><td></td><td></td><td></td><td></td></tr>
<tr><td></td><td></td><td></td><td></td><td></td><td></td><td></td><td></td><td></td><td></td></tr>
<tr><td></td><td></td><td></td><td></td><td></td><td></td><td></td><td></td><td></td><td></td></tr>
<tr><td></td><td></td><td></td><td></td><td></td><td></td><td></td><td></td><td></td><td></td></tr>
<tr><td>备注</td><td colspan="10"></td></tr>
</table>

表 4-17　贵州经典年华服饰有限公司出纳人员工作交接清单

原出纳人员张平，因工作调动，财务部已决定将出纳工作移交给胡小华接管，现办理如下交接。

1. 交接日期：2018 年 12 月 25 日。

2. 具体业务的移交。

（1）库存现金：12 月 25 日账面余额 731.00 元，实存相符，日记账余额与总账相符。

（2）库存国库券：100,000.00 元，经核对无误。

（3）银行存款：余额 2,245,250.49 元，经编制银行存款余额调节表，核对相符。

3. 移交的会计凭证、账簿、文件。

（1）本年度现金日记账 1 本；

（2）本年度银行存款日记账 2 本；

（3）空白现金支票 8 张（09452103 至 09452110 号）；

（4）空白转账支票 9 张（02541287 至 02541295 号）；

（5）托收承付登记簿 1 本；

（6）付款委托书 1 本；

（7）信汇登记簿 1 本；

（8）金库暂存物品明细表 1 份，与实物核对相符；

（9）银行对账单 1 至 11 月 11 本。

4. 印鉴。

（1）贵州经典年华服饰有限公司财务处转讫印章 1 枚；

（2）贵州经典年华服饰有限公司财务处现金收讫印章 1 枚；

（3）贵州经典年华服饰有限公司财务处现金付讫印章 1 枚；

（4）贵州经典年华服饰有限公司法人代表印章 1 枚。

5. 其他物件。

（1）贵州经典年华服饰有限公司中国建设银行网上银行制单岗位 U 盾 1 个，登录名及密码另行告知。

（2）贵州经典年华服饰有限公司保险箱钥匙 1 把，密码另行告知。

6. 交接前后工作责任的划分：2018 年 12 月 25 日前的出纳责任事项由张平负责；2018 年 12 月 26 日起的出纳工作由胡小华负责。以上移交事项均经交接双方认定无误。

7. 本交接书一式三份，双方各执一份，存档一份。

移交人：　　　　　　　　（签名盖章）接管人：（签名盖章）

监交人：　　　　　　　　（签名盖章）

贵州经典年华服饰有限公司财务部

2018 年 12 月 25 日

二、进行交接

出纳人员的离职交接，必须在规定的期限内，向接交人员移交清楚。接交人员应认真按移交清册当面点收。①现金、有价证券要根据出纳账和备查账簿余额进行点收。接交人发现不一致时，移交人要负责查清。②出纳账簿和其他会计资料必须完整无缺，不得遗漏。如有短缺，由移交人查明原因，在移交清册中注明，由移交人负责。③接交人应核对出纳账簿与总账、出纳账簿与库存现金和银行对账单的余额是否相符，如有不符，应由移交人查明原因，在移交清册中注明，并负责处理。④接交人按移交清册点收公章（主要包括财务专用章、支票专用章和领导人名章）和其他实物。⑤接交人办理接收后，应在出纳账启用表上填写接收时间，并签名盖章。

各方责任如下。

（一）移交人的责任

（1）对应当移交的内容，承担完整、完好、准确和可延续使用的责任。

（2）对接交人延续工作所需要的证卡、设备、用具等物件的使用和调整方法，进行实际操作的辅导。

（3）对接交人或者监交人提出的需补交和需要说明的内容，进行补充和说明。

（4）离岗后，对于有证据显示属于移交人在任期间或者交接时发生的疏漏、差错，应当做出说明，并承担相关责任。

（5）离岗后，对原单位需要协助的事项，履行协助义务。

（6）在出纳岗位交接表上签名。

（二）接交人的责任

（1）对所接收的内容，承担完整、完好、准确和能够独立延续使用的责任。

（2）掌握相关证卡、设备、用具等物件的使用，及时更换保险柜 U 盾等的密码，能够正确地进行实际操作。

（3）对本人在接收过程中出现的疏漏或者差错，应当做出说明，并承担相关责任。

（4）在出纳岗位交接表上签名。

（三）监交人的责任

（1）始终与移交人和接交人同在交接现场。

（2）根据出纳岗位交接清单上的内容，逐项进行核验，见证交接过程和内容。

（3）向委派人报告交接情况和交接结果。

（4）在出纳岗位交接表上签名，并将所持有的出纳工作交接表按规定移交归档。

三、交接确认无误后签章

交接完毕后，交接双方和监交人要在移交清册上签名或盖章。移交清册必须具备单位名称、交接日期、交接双方和监交人的职务及姓名，以及移交清册页数、份数和其他需要说明的问题和意见。移交清册一般一式三份，交双方各执一份，存档一份。

【例 4-7】接例 4-6，2018 年 12 月 25 日，在张平完成交接工作准备后，由会计吴浩担任监交人，按照交接清单上的顺序逐一对相关项目进行交接。经三方当事人确认无误后，进行签章，见表 4-18、表 4-19。银行存款日记账相关内容略。

需要注意的是，移交人员因病或其他特殊原因不能亲自办理移交手续的，经单位负责人批准，可由移交人委托他人代办交接，但受托人应当对所移交的会计凭证、会计账簿、财务会计报告和其他有关资料的真实性、合法性承担法律责任。

表 4-18 账簿启用及接交表

<table>
<tr><td>单位名称</td><td colspan="6">贵州经典年华服饰有限公司</td><td colspan="4">公章</td></tr>
<tr><td>账簿名称</td><td colspan="6">现金日记账（第　页）</td><td colspan="4" rowspan="4">
</td></tr>
<tr><td>账簿编号</td><td colspan="6">01</td></tr>
<tr><td>账簿页数</td><td colspan="6">本账簿共计 100 页，本账簿页数：100 页
检点人盖章 吴浩</td></tr>
<tr><td>启用日期</td><td colspan="6">2018 年 1 月 01 日</td></tr>
<tr><td rowspan="3">经管人员</td><td colspan="3">单位主管</td><td colspan="2">财务主管</td><td colspan="3">复核</td><td colspan="2">记账</td></tr>
<tr><td>姓名</td><td colspan="2">盖章</td><td>姓名</td><td>盖章</td><td>姓名</td><td colspan="2">盖章</td><td>姓名</td><td>盖章</td></tr>
<tr><td>李晓成</td><td colspan="2">李晓成</td><td>王兴明</td><td>王兴明</td><td>王兴明</td><td colspan="2">李晓成</td><td>吴浩</td><td>吴浩</td></tr>
<tr><td rowspan="7">交接记录</td><td colspan="2">经管人员</td><td colspan="4">接管</td><td colspan="4">交出</td></tr>
<tr><td>职别</td><td>姓名</td><td>年</td><td>月</td><td>日</td><td>盖章</td><td>年</td><td>月</td><td>日</td><td>盖章</td></tr>
<tr><td>出纳</td><td>张平</td><td>2018</td><td>1</td><td>01</td><td>张平</td><td>2018</td><td>12</td><td>25</td><td>张平</td></tr>
<tr><td>出纳</td><td>胡小华</td><td>2018</td><td>12</td><td>26</td><td>胡小华</td><td></td><td></td><td></td><td></td></tr>
<tr><td></td><td></td><td></td><td></td><td></td><td></td><td></td><td></td><td></td><td></td></tr>
<tr><td></td><td></td><td></td><td></td><td></td><td></td><td></td><td></td><td></td><td></td></tr>
<tr><td></td><td></td><td></td><td></td><td></td><td></td><td></td><td></td><td></td><td></td></tr>
<tr><td>备注</td><td colspan="10"></td></tr>
</table>

表 4-19 贵州经典年华服饰有限公司出纳人员工作交接清单

原出纳人员张平，因工作调动，财务部已决定将出纳工作移交给胡小华接管，现办理如下交接：

1. 交接日期：2018 年 12 月 25 日。

2. 具体业务的移交。

（1）库存现金：12 月 25 日账面余额 731.00 元，实存相符，日记账余额与总账相符。

（2）库存国库券：100,000.00 元，经核对无误。

（3）银行存款：余额 2,245,250.49 元，经编制银行存款余额调节表，核对相符。

3. 移交的会计凭证、账簿、文件。

（1）本年度现金日记账 1 本；

（2）本年度银行存款日记账 2 本；

（3）空白现金支票 8 张（09452103 至 09452110 号）；

（4）空白转账支票 9 张（02541287 至 02541295 号）；

（5）托收承付登记簿 1 本；

（6）付款委托书 1 本；

（7）信汇登记簿 1 本；

（8）金库暂存物品明细表 1 份，与实物核对相符；

（9）银行对账单 1 至 11 月 11 本。

4. 印鉴。

（1）贵州经典年华服饰有限公司财务处转讫印章 1 枚；

（2）贵州经典年华服饰有限公司财务处现金收讫印章 1 枚；

（3）贵州经典年华服饰有限公司财务处现金付讫印章 1 枚；

（4）贵州经典年华服饰有限公司法人代表印章 1 枚。

5. 其他物件。

（1）贵州经典年华服饰有限公司中国建设银行网上银行制单岗位 U 盾 1 个，登录名及密码另行告知。

（2）贵州经典年华服饰有限公司保险箱钥匙 1 把，密码另行告知。

6. 交接前后工作责任的划分：2018 年 12 月 25 日前的出纳责任事项由张平负责；2018 年 12 月 26 日起的出纳工作由胡小华负责。以上移交事项均经交接双方认定无误。

7. 本交接书一式三份，双方各执一份，存档一份。

移交人：张平 张平（签名盖章）　　　　接管人：胡小华 胡小华（签名盖章）

监交人：吴浩 吴浩（签名盖章）

贵州经典年华服饰有限公司财务部

2018 年 12 月 25 日

实训四　做中学　学中做

一、单项选择题

1. 企业的现金是由（　　）保管的。

A. 会计人员　　B. 出纳人员　　C. 会计主管　　D. 单位负责人

2. 下列物品中，不应由出纳人员保管的是（　　）。

A. 空白支票　　B. 库存现金　　C. 会计档案　　D. 有价证券

3. 空白收据一般应由（　　）保管，根据业务需要派发给出纳人员或其他有关人员。

A. 出纳人员　　B. 业务经办人员　　C. 主管会计人员　　D. 单位业务人员

4. 企业应设置“现金日记账”，由（　　）按照经济业务发生的先后顺序逐日逐笔登记。

A. 会计主管　　B. 会计人员　　C. 记账人员　　D. 出纳人员

5. 主要与法人代表章一同作为银行预留印鉴，在一定程度上，对企业的财务资料代表公司对外签章的是（　　）。

A. 企业公章　　B. 财务专用章　　C. 发票专用章　　D. 合同专用章

6. 出纳岗位需办理工作交接准备时，应由（　　）做交接准备工作。

A. 会计主管　　B. 会计人员　　C. 接交人　　D. 移交人

7. 出纳岗位办理工作移交时，必须有移交人、接交人和（　　）三人同时在场。

A. 会计主管　　B. 会计人员　　C. 监交人　　D. 业务员

二、多项选择题

1. 出纳工作包括（　　）。

A. 保管库存现金　B. 保管有价证券　C. 保管空白票据　D. 保管所有印章

2. 出纳人员不得兼管（　）工作。

A. 稽核　B. 会计档案保管

C. 银行存款日记账登记　D. 现金日记账登记

3. 企业发放工资的方式有（　）。

A. 现金支付　B. 银行代发　C. 网上银行代发　D. 支票发放

4. 下列属于出纳人员填制的备查账有（　）。

A. 支票使用登记簿　B. 应收票据备查簿

C. 应付票据备查簿　D. 应收账款备查簿

E. 托收承付、委托收款登记簿

5. 出纳岗位在办理交接时，应由（　）在场。

A. 单位负责人　B. 会计主管　C. 移交人　D. 监交人

E. 接交人

6. 下列关于会计工作交接后的有关事宜表述正确的有（　）。

A. 会计工作交接完成后，交接双方和监交人在移交清册上签名盖章

B. 接管人员应继续使用移交前的账簿

C. 移交清册应填制一式三份，交接双方各执一份，存档一份

D. 原账簿登记混乱，经单位负责人同意，接替人员可以另立账簿登记移交后的经济业务，以明确责任

7. 会计人员工作交接，移交人员对移交的会计资料的（　）负责。

A. 真实性　B. 合法性　C. 先进性　D. 合理性

三、判断题

1. 出纳保险柜里只能存放现金。（　）

2. 为了保险起见，企业所有的现金都应送存银行。（　）

3. 出纳人员可以保管财务专用章和法人印鉴章。（　）

4. 出纳人员所填的备查账都是统一格式的，不得随意更改。（　）

5. 会计人员办理交接时，不需会计主管在场。（　）

四、实操题

业务一　2018 年 12 月 4 日，签发转账支票一张，用于支付贵阳华星设备仪器有限公司设备款 56,040.00 元，支票号码为 24871452。由贵阳华星设备仪器有限公司出纳人员杨兴领取。请填写支票使用记录表。

支票使用记录表

日期	支票种类及支票号码	收款单位	用途	金额	领用人签字

业务二　2018 年 9 月 7 日，某公司向贵阳美佳服饰商贸有限公司销售成衣一批，价款 56,840.00 元，税款 9,094.40 元，共计 65,934.40 元。该公司开具一张期限为三个月的商业承兑汇票，票号为 XA24715745，票面利率为 6%。现今三个月期满，已于 2018 年 12 月 9 日如数承兑。请根据资料填写应收票据备查登记簿。

应收票据备查登记簿

应收票据情况记录						承兑		贴现		转让单位
票号	出票单位	出票日	到期日	票面金额	票面利率	日期	金额	日期	金额	

业务三　2018 年 9 月 12 日，根据 JD2015 号合同，某公司向上海国民布料厂购进一批布料，价款为 56,000.00 元，税款为 8,960.00 元，合计 64,960.00 元。当即签发一张期限为三个月并无利息的商业承兑汇票一张，票号为 SD572256。现今三个月期满，已于 2018 年 12 月 18 日如数承兑，收到银行转来的"付款通知"。请根据资料填制应付票据备查登记簿。

应付票据备查登记簿

收款单位	合同号	摘要	商业汇票记录					付款记录	
			票据种类	汇票号码	签发日期	承兑日期	承兑金额	日期	金额

业务四　2018 年 12 月 15 日，贵州经典年华服饰有限公司向四川天府商贸有限公司销售成衣 400 件，价款为 25,000.00 元，税款为 4,000.00 元，代垫运费 5,000.00 元，共计 34,000.00 元。填制委托收款结算凭证（号码为 241015），附增值税专用发票（号码为 1274632）和货运发票（号码为 24119）送交银行办妥托收手续。2018 年 12 月 20 日，经典年华公司接到银行收账通知，销售给四川天府商贸有限公司的成衣货款及运费已全部收妥入账。请根据资料填写销货方托收承付、委托收款登记簿。

销货方托收承付、委托收款登记簿

购货单位	发货日期	发票号码	货运单号	发出商品及材料			托收承付、委托收款记录					收款记录					
												已收			拒付		
				名称	数量	成本	委托日期	凭证号码	货款金额	运费	小计	日期	货款金额	运费金额	日期	金额	理由

业务五 2018年12月17日，根据JD2019号合同，某公司向广州市奇彩布料厂购进35匹布料，价款为30,000.00元，税款为4,800.00元，运费4,000.00元，合计38,800.00元。2018年12月18日收到银行转来的广州市鸿运布料厂委托收款凭证四张：委托收款结算凭证（号码为090）、增值税专用发票（号码为6856）、货运发票和保险单。该批布料于2018年12月23日验收入库，并承付该笔款项。请根据资料填列购货方托收承付、委托收款登记簿。

购货方托收承付、委托收款登记簿

日期	供应单位名称	托（委）凭证号码	发票号码	凭证张数	摘要	数量	金额			付款记录		
							货款	运费	合计	日期	金额	拒付

业务六 2018年12月15日，贵州经典年华服饰有限公司原出纳人员张平因个人原因辞职，和新出纳人员李晓明进行了出纳交接。交接时，库存现金日记账余额为5,200元，实际清点余额为4,900元，经查，有300元费用已报销，但因有关会计记账凭证未审核，未能及时入账。公司持有红华公司可转债300份，每份1,000.00元，国库券250,000.00元，均核对无误。

银行存款日记账余额为2,354,200元，经和开户行核对，余额一致。

账簿凭证类：

（1）本年度现金日记账1本；

（2）本年度银行存款日记账2本；

（3）空白现金支票25张（33101136至33101160号）；

（4）空白转账支票21张（25415645至25415665号）、支票登记簿1本；

（5）托收承付登记簿1本；

（6）付款委托书1本；

（7）应收票据登记簿1本；

（8）金库暂存物品明细表1份，与实物核对相符；

（9）银行对账单1至11月计11本。

印章：

（1）贵州经典年华服饰有限公司财务部转讫印章1枚；

（2）贵州经典年华服饰有限公司财务部现金收讫印章1枚；

（3）贵州经典年华服饰有限公司财务部现金付讫印章1枚。

要求：设计并完成出纳人员工作移交清单。

贵州经典年华服饰有限公司

出纳人员工作移交清单

项目五　综合实训

一、单项选择题

1. 人民币玖万零叁元整的阿拉伯数字正确写法是（　　）。

A. ￥90,003.00　　B. ￥90,003　　C. 90,003　　D. 90,003元

2. 根据《支付结算办法》的规定，银行汇票的提示付款期限是（　　）。

A. 自出票日起1个月　　B. 自出票日起2个月

C. 自出票日起3个月　　D. 自出票日起4个月

3. 根据《支付结算办法》的规定，汇款人委托银行将款项支付给收款人的结算方式是（　　）。

A. 汇兑　　B. 信用证　　C. 托收承付　　D. 委托收款

4. 持有人对银行没收的人民币真伪有异议的，可以向（　　）申请鉴定。

A. 上级公安部门　　B. 中国银行授权的当地鉴定机构

C. 中国人民银行　　D. 当地政府经济主管部门

5. 下列关于出纳人员工作注意事项的表述中，错误的是（　　）。

A. 每天按顺序办理各项收付款业务

B. 向有关领导及会计主管请示资金安排计划

C. 每天开始工作时，先检查现金、有价证券及其他贵重物品

D. 第二天上班时，将前一天所有的收付款单据编制记账凭证登记入账

6. 在票据当事人中，以法定方式签发票据并将票据交付给收款人的人称为（　　）。

A. 背书人　　B. 出票人　　C. 收款人　　D. 付款人

7. 收款人委托银行收款时，应填写托收凭证。下列不属于托收凭证上必须记载的内容是（　　）。

A. 表明“委托收款”的字样　　B. 付款人名称

C. 确定的金额　　D. 收款人的组织代码

8. 原始凭证应当在经济业务发生或完成时及时填制，并按规定的程序和手续传递给有关部门，以便及时办理后续业务，进行会计审核和记账。这体现的填制要求是（　　）。

A. 连续编号　　B. 填制及时　　C. 记录真实　　D. 手续完备

9. 同城和异地均可使用的转账结算方式有（　　）。

A. 支票　　B. 汇兑　　C. 信用卡　　D. 托收承付

10. 支票的有效期限为（　　）。

A. 15天　　B. 10天　　C. 5天　　D. 一个月

11. 现金日记账和银行存款日记账的保管期限为（　　）。

A. 10 年　　B. 5 年　　C. 20 年　　D. 25 年

12. 签发空头支票按票面金额处以（　　）但不低于（　　）的罚款。

A. 2%；500 元　　B. 5%；1000 元　　C. 2%；1000 元　　D. 5%；500 元

13. 银行审核支票付款的依据是支票出票人的（　　）。

A. 电话号码　　B. 身份证　　C. 支票存根　　D. 预留银行签章

14. 一般会计人员离开会计岗位办理交接手续时，由（　　）监交。

A. 一般会计人员　　B. 会计机构负责人

C. 单位负责人　　D. 单位内部审计人员

15. 在填写票据的出票日期时，下列各项中，将 2 月 12 日填写正确的是（　　）。

A. 贰月拾贰日　　B. 贰月壹拾贰日

C. 零贰月拾贰日　　D. 零贰月壹拾贰日

16. 在下列各项中，对基本存款账户与临时存款账户在管理上的区别，表述正确的是（　　）。

A. 基本存款账户能支取现金而临时存款账户不能支取现金

B. 基本存款账户不能向银行借款而临时存款账户可以向银行借款

C. 基本存款账户没有开设数量的限制而临时存款账户受开设数量的限制

D. 基本存款账户没有时间限制而临时存款账户实行有效期管理

17. 出纳人员根据收款凭证收款或付款凭证付款后，为避免重收重付，应（　　）。

A. 在凭证上加盖“收讫”或“付讫”戳记

B. 由收款人员或付款人员在备查簿上签名

C. 由出纳人员在备查簿上登记

D. 由出纳人员在凭证上画线注销

18. 在填制会计凭证时，¥1,516.54 的大写金额为（　　）。

A. 人民币壹仟伍佰壹拾陆元伍角肆分

B. 人民币壹仟伍佰拾陆元伍角肆分整

C. 人民币壹仟伍佰壹拾陆元伍角肆分整

D. 人民币壹仟伍佰拾陆元伍角肆分

19. 现金日记账要求使用（　　）。

A. 活页账　　B. 订本账　　C. 卡片账　　D. 按需要定

20. 商业汇票的付款期限由交易双方商定，但最长不得超过（　　）个月。

A. 3　　B. 6　　C. 9　　D. 12

二、多项选择题

1. 点钞的基本要求是（　　）。

A. 坐姿端正　　B. 指法正确　　C. 点数准确　　D. 扎把捆紧

E. 盖章清晰

2. 下列项目中，违反现金管理规定的是（　　）。

A. 坐支现金

B. “白条”抵库

C. 将企业的现金收入按个人储蓄方式存入银行

D. 现金收入应于当天送存开户银行

3. 下列属于假币识别方法的是（　　）。

A. 眼看　　B. 手摸　　C. 耳听　　D. 仪器检测

E. 尺量

4. 针对现金管理制度，以下说法错误的是（　　）。

A. 出纳人员下班前应将所有的现金送存银行

B. 出纳人员可将单位日常开支使用的备用金放在办公桌内，其余的应存入银行

C. 为保证现金安全，出纳人员可以将日常开支使用的备用金存入个人存折

D. 库存现金包括纸币和铸币，应分类保管

5. 下列符合现金管理内部控制规定的是（　　）。

A. 出纳人员登记现金日记账　　B. 出纳人员负责稽核

C. 出纳人员每日盘点现金　　D. 出纳人员管理现金

6. 第五套人民币纸币采用手工雕刻凹版印刷工艺的是（　　）。

A. 100 元　　B. 50 元　　C. 20 元　　D. 10 元

E. 5 元

7. 下列属于现金收入管理原则的是（　　）。

A. 现金收入必须合法合理　　B. 现金收入手续必须严格

C. 现金收入坚持一笔一清　　D. 现金收入要及时送存银行

8. 手工整点硬币的环节包括（　　）。

A. 拆卷　　B. 清点　　C. 计数　　D. 包装

E. 盖章

9. 企业发生的下列支出中，按规定可使用现金支付的有（　　）。

A. 支付职工张山差旅费 3,000 元　　B. 支付银行承兑汇票手续费 4,000 元

C. 支付采购材料款 40,000 元　　D. 支付购置设备款 2,000 元

E. 支付王益困难补助 300 元

10. 对票据的审核，下列说法正确的有（　　）。

A、对于内容不够完整、填写错误的票据，应退回有关经办人员更正或重开

B、对于不真实、不合法的票据，不予接受

C、对真实、合法但领导未签字的票据，可以报销

D、对领导已签字的票据，不加以审核就予以支付或报销

三、判断题

1. 坐支现金是指单位将收入的现金直接用于支付的行为。（　　）

2. 盘点现金出现溢余，可以先不处理，待日后短缺时用于抵扣。（　　）

3. 出纳人员要对空白的支票加强管理，对于作废的支票可以将其撕掉。（　　）

4. 为填列支票方便，单位的支票和印鉴可以由出纳人员一人保管。（　　）

5. 原出纳人员正式将会计资料移交后，不再对其负有责任。（　　）

6. 票据的结算凭证金额以大写汉字和阿拉伯数字同时记载，两者应当一致；两者不一致时，以大写汉字为准。（　　）

7. 银行存款清查后，对未达账项应根据银行存款余额调节表登记入账，使日记账与对账单余额一致。　（　）

8. 填写原始凭证时小写金额为￥30,068.45，大写应写为人民币叁万零陆拾捌元肆角伍分整。　（　）

9. 职工借款收据在收回借款时应退回借款人。　（　）

10. 出纳人员应配备专用保险柜，保险柜钥匙由出纳人员保管，不得交由其他人员代管。　（　）

四、实操题

贵州经典年华服饰有限公司2018年12月发生以下业务，请根据各个业务要求完成原始凭证的填制及签章，同时根据所有业务中涉及现金收付款的经济业务，逐日逐笔登记现金日记账；根据所有业务中涉及银行收付款经济业务，逐日逐笔登记银行存款日记账。

资料：

1. 公司基本情况。

企业名称：贵州经典年华服饰有限公司。

企业地址：贵州省贵阳市中华中路121号。

法人代表：李晓成。

联系电话：0851-88688888。

税务登记号：1102233546889。

开户银行：中国建设银行贵阳中华路支行。

银行账号：5228224578698888。

会计主管：王兴明。

会计：吴浩。

出纳：张平。

印鉴保管：吴浩负责保管财务专用章，张平负责保管法人代表人名章。

销售部主管：杨建国。

采购部主管：陈松。

2. 企业每天需要日常零星开支1,500.00元。

3. 2018年11月，现金日记账期末余额为2,200.00元。2018年1至11月库存现金账户累计发生额：借方，354,004.00元；贷方，351,804.00元。

4. 2018年11月，银行存款日记账期末余额为542,241.00元。2018年1至11月银行存款账户累计发生额：借方为877,574.00元；贷方为335,333.00元。

业务一　1日，出纳人员张平准备从银行提取备用金5,300.00元，补足库存现金限额。请填写表5-1～表5-3。假设使用支付密码器生成的密码为4897-5971-2524-5547。

表5-1　现金支票使用记录表

日期	使用支票号码	收款单位	用途	金额	领用人签字

表 5-2　现金支票（1）

<table>
<tr><td>中国建设银行
现金支票存根
52010121
09452101
附加信息

出票日期　　年　月　日
收款人：
金额：
用途：
单位主管　　　会计</td>
<td>中国建设银行　现金支票　52010121
09452101
出票日期（大写）　年　月　日
付款行名称：中国建设银行贵阳中华路支行
收款人：　出票人账号：5228224578698888
人民币（大写）　亿 千 百 十 万 千 百 十 元 角 分
用途＿＿＿＿　密码＿＿＿＿
上列款项请从
我账户内支付
出票人签章　　复核　　记账</td></tr>
</table>

表 5-3　现金支票（2）

<table>
<tr><td rowspan="3">附加信息：</td><td>收款人签章
年　月　日</td><td rowspan="3">贴粘单处</td></tr>
<tr><td>身份证名称：　　发证机关：</td></tr>
<tr><td>号码</td></tr>
</table>

业务二　2 日，销售部主管杨建国借款 1,500.00 元现金，用于招待公司来访客人。借款单由杨建国填写，假设各部门领导已经签字，出纳人员张平审核借款单无误后支付现金。销售部主管杨建国之前无借款，请完整填写借款单（表 5-4）和员工借款台账（表 5-5）。

表 5-4　借款单

年　月　日

<table>
<tr><td>借款人部门</td><td></td><td>借款人</td><td></td></tr>
<tr><td>借款金额</td><td colspan="3">大写：
小写：</td></tr>
<tr><td colspan="4">借款事由：</td></tr>
<tr><td colspan="4">备注：</td></tr>
<tr><td colspan="4">领导审核　　　财务审核　　　部门负责人</td></tr>
<tr><td rowspan="2">付款记录</td><td colspan="2">付款日期：　年　月　日</td><td>付款方式：</td></tr>
<tr><td colspan="3">借款人签字：</td></tr>
</table>

表 5-5　员工借款台账

单位：　　　　　　　　　　　　年　月　　　　　　　　　　　　单位：元

序号	姓名	所属部门	借款用途	借款日期	借款金额	还款日期	还款金额	余额	备注

制表人：

业务三　4 日，向贵阳彩棉布料厂采购布料一批，价税款合计 54,127.00 元，货已验收入库，当即开出转账支票一张支付此笔款项。请填写表 5-6～表 5-8。假设使用支付密码器生成的密码为 4897-6524-5417-6574。

表 5-6　转账支票使用记录表

日期	使用支票号码	收款单位	用途	金额	领用人签字

表 5-7　转账支票（1）

中国建设银行
现金支票存根
52010121
52452411
附加信息

出票日期　年　月　日

收款人：

金额：

用途：

单位主管　　会计

中国建设银行　转账支票　　52010121
52452411

出票日期（大写）　年　月　日
付款行名称：中国建设银行贵阳中华路支行
收款人：　　出票人账号：5228224578698888

人民币（大写）	亿	千	百	十	万	千	百	十	元	角	分

用途　　　　密码

上列款项请从

我账户内支付

出票人签章　　复核　　记账

表 5-8　转账支票（2）

附加信息：

收款人签章
年　月　日

身份证名称：　　发证机关：

号码

贴粘单处

业务四 6 日，因生产需求，需从广州购进原材料，采购部员工王凯负责此项工作，因此需预借差旅费 2,500.00 元。借款单由王凯填写，各部门领导已经签字，出纳人员张平审核借款单无误后支付现金。王凯之前无借款，请完整填写借款单（表 5-9）和员工借款台账（表 5-10）。

表 5-9 借款单

年 月 日

借款人部门		借款人	
借款金额	大写： 小写：		
借款事由：			
备注：			
领导审核	财务审核	部门负责人	
付款记录	付款日期： 年 月 日	付款方式：	
	借款人签字：		

表 5-10 员工借款台账

单位： 年 月 单位：元

序号	姓名	所属部门	借款用途	借款日期	借款金额	还款日期	还款金额	余额	备注

制表人：

业务五 7 日，销售部主管杨建国报销业务招待费 1,780.00 元，已填制费用报销单，相关领导已签字审批，剩余款项已用现金支付。请根据增值税专用发票（图 5-1）填写费用报销单（表 5-11），补充员工借款台账（表 5-12）。

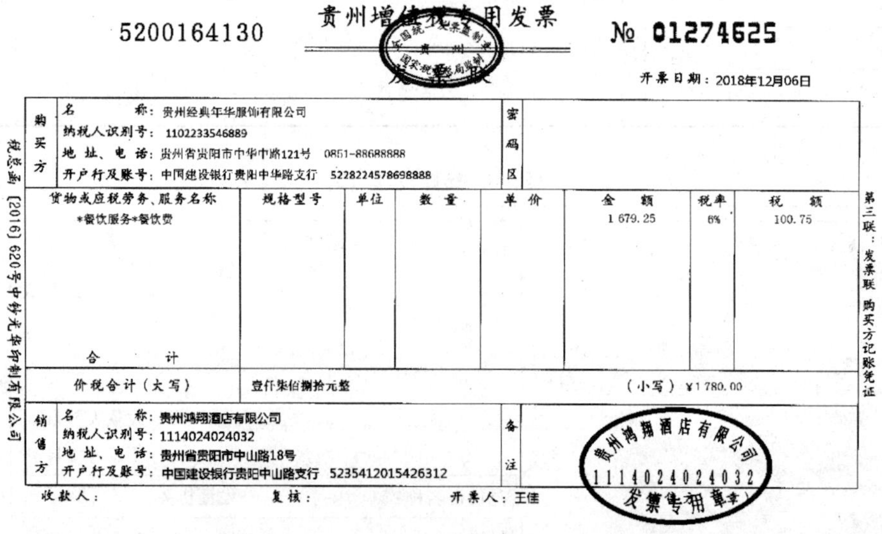
5200164130　贵州增值税专用发票　№ 01274625

发票联

开票日期：2018年12月06日

购买方　名　　称：贵州经典年华服饰有限公司
纳税人识别号：1102233546889
地 址、电 话：贵州省贵阳市中华中路121号　0851-88688888
开户行及账号：中国建设银行贵阳中华路支行　5228224578698888

密码区

货物或应税劳务、服务名称	规格型号	单位	数量	单价	金额	税率	税额
*餐饮服务*餐饮费					1 679.25	6%	100.75
合　计							

价税合计（大写）　壹仟柒佰捌拾元整　（小写）¥1 780.00

销售方　名　　称：贵州鸿翔酒店有限公司
纳税人识别号：1114024024032
地 址、电 话：贵州省贵阳市中山路18号
开户行及账号：中国建设银行贵阳中山路支行　5235412015426312

备注

收款人：　复核：　开票人：王佳

税总函［2016］620号中钞光华印制有限公司

第三联：发票联　购买方记账凭证

图 5-1 增值税专用发票

表 5-11　费用报销单

年　月　日

报销部门：		姓名：					单据及附件张数：			
报销项目	摘要	金额								备注：
		十	万	千	百	十	元	角	分	
合计：（大写）										
原借款金额：　　　元		应退（补）款：　　　元								
总经理	财务主管	部门经理								
付款日期：　　年　月　日		付款方式：								
报销人签字：										

表 5-12　员工借款台账

单位：　　　　　　　　年　月　　　　　　　　单位：元

序号	姓名	所属部门	借款用途	借款日期	借款金额	还款日期	还款金额	余额	备注

制表人：

业务六　10 日，公司管理部门购买一批打印纸，需支付货款 750.00 元，管理部门员工陈红填制请款单，申请用现金支付此笔款项，相关领导已签字审批。出纳人员张平审核请款单及发票无误后，已用现金支付。请根据增值税专用发票（图 5-2）填写请款单（表 5-13）及签章。

5200164130　　贵州增值税专用发票　　№ 01274625

发票联

开票日期：2018年12月10日

购买方	名　　称：贵州经典年华服饰有限公司 纳税人识别号：1102233546889 地 址、电 话：贵州省贵阳市中华中路121号　0851-88688888 开户行及账号：中国建设银行贵阳中华路支行　5228224578698888	密码区					
货物或应税劳务、服务名称	规格型号	单位	数量	单价	金额	税率	税额
*纸制品*办公用品		箱	5	129.31	646.55	16%	103.45
合　　计							
价税合计（大写）	柒佰伍拾元整				（小写）¥750.00		
销售方	名　　称：贵阳文翰办公用品有限公司 纳税人识别号：122547895741552 地 址、电 话：贵阳瑞金北路278号　0851-87425411 开户行及账号：	备注					

收款人：　　　复核：　　　开票人：陈琴

税总函［2016］620号中钞光华印制有限公司

第三联：发票联　购买方记账凭证

贵阳文翰办公用品有限公司　122547895741552　发票专用章

图 5-2　增值税专用发票

表 5-13　请款单

年　月　日

请款部门		请款人	
请款金额	大写： 小写：		
请款事由：			
单位名称：			
备注：			
领导审核	财务审核	部门负责人	
付款记录	付款日期：　　年　月　日 付款方式：		

业务七　11 日，贵州经典年华服饰有限公司出纳人员张平根据付款申请单（表 5-14）到银行办理 4 个月期限银行承兑汇票支付货款，请填写表 5-15。

表 5-14　付款申请单

2018 年 12 月 19 日

用途及情况	金额											收款单位：贵州霓裳服饰公司
支付货款	亿	千	百	十	万	千	百	十	元	角	分	账号：2574168413541355
			￥	5	0	0	0	0	0	0	0	开户银行：中国工商银行贵阳宝山支行
金额大写	伍拾万元整											电汇：□转账：□汇票：□网银：□其他：☑

总经理	李晓成	财务部门	经理	王兴明	采购部门	经理	陈松
			会计	吴浩		经办人	王凯

表 5-15　银行承兑记票

中国建设银行　银行承兑汇票　2　　　10501150 33697013

出票日期（大写）　年　月　日

出票人全称		收款人	全　称	
出票人账号			账　号	
付款行全称			开户银行	
出 票 金 额	人民币（大写）			亿 千 百 十 万 千 百 十 元 角 分
汇票到期日（大写）		付款行	行号	
承兑协议编号	81409119		地址	
本汇票请你行承兑，到期无条件付款。 （印章：贵州经典年华服饰有限公司 财务专用章）（印章：李晓印） 出票人签章	本汇票已经承兑，到期日由本行付款。 （印章：中国建设银行股份有限公司 汇票专用章） 承兑行签章 承兑日期　年　月　日 备注		密押 复核　　记账	

此联收款人开户行委托收凭证寄付款行作借方凭证附件

业务八　12 日，公司与杭州美莱美服饰有限公司（账号为 242473235569855；开户行为中国交通银行浙江省分行营业部）签订购销合同，购买该公司 2019 年度夏季时装一批，合同约定需支付定金 60,000.00 元，定金已用企业网上银行支付。请根据资料填写付款申请单（表 5-16）。

表 5-16　付款申请单

年　月　日

<table>
<tr><td>用途及情况</td><td colspan="11">金额</td><td colspan="4">收款单位：</td></tr>
<tr><td rowspan="2">支付货款</td><td>亿</td><td>千</td><td>百</td><td>十</td><td>万</td><td>千</td><td>百</td><td>十</td><td>元</td><td>角</td><td>分</td><td colspan="4">账号：</td></tr>
<tr><td></td><td></td><td></td><td></td><td></td><td></td><td></td><td></td><td></td><td></td><td></td><td colspan="4">开户银行：</td></tr>
<tr><td>金额大写</td><td colspan="8"></td><td colspan="7">电汇：□转账：□汇票：□网银：□其他：□</td></tr>
<tr><td rowspan="2">总经理</td><td colspan="3" rowspan="2"></td><td colspan="3" rowspan="2">财务部门</td><td colspan="2">经理</td><td colspan="2"></td><td rowspan="2">采购部门</td><td colspan="2">经理</td><td colspan="2"></td></tr>
<tr><td colspan="2">会计</td><td colspan="2"></td><td colspan="2">经办人</td><td colspan="2"></td></tr>
</table>

业务九　12 日，采购部员工王凯从广州出差归来，报销差旅费，费用明细如下：

（1）出差时间：2018 年 12 月 7 日至 12 月 11 日。

（2）乘坐飞机去往广州，机票价格为 540.00 元；乘坐动车返回公司，单程票价为 276.00 元。

（3）广州市内出租车票 8 张，共计 264.00 元。

（4）住宿费发票 1 张，共计 1,520.00 元。

（5）单位出差补助：120 元/天。

要求：（1）根据以上资料帮助王凯填写一张差旅费报销单（表 5-17）。

（2）补充员工借款台账（表 5-18）。

（3）假设相关领导已签字审批，用现金支付剩余款项，并在差旅费报销单上签章。

表 5-17　差旅费报销单

填报日期：　年　月　日　　　　附件　张

<table>
<tr><td colspan="3">出差人</td><td colspan="4"></td><td>部门</td><td colspan="3"></td><td colspan="2">出差事由</td><td colspan="3"></td></tr>
<tr><td colspan="4">出发</td><td colspan="4">到达</td><td rowspan="2">交通工具</td><td colspan="2">交通费</td><td colspan="2">出差补贴</td><td colspan="3">其他费用</td></tr>
<tr><td>月</td><td>日</td><td>时</td><td>地点</td><td>月</td><td>日</td><td>时</td><td>地点</td><td>单据张数</td><td>金额</td><td>天数</td><td>金额</td><td>项目</td><td>单据张数</td><td>金额</td></tr>
<tr><td></td><td></td><td></td><td></td><td></td><td></td><td></td><td></td><td></td><td></td><td></td><td></td><td></td><td>住宿费</td><td></td><td></td></tr>
<tr><td></td><td></td><td></td><td></td><td></td><td></td><td></td><td></td><td></td><td></td><td></td><td></td><td></td><td>租车费</td><td></td><td></td></tr>
<tr><td></td><td></td><td></td><td></td><td></td><td></td><td></td><td></td><td></td><td></td><td></td><td></td><td></td><td>其他</td><td></td><td></td></tr>
<tr><td colspan="9">合计</td><td></td><td></td><td></td><td></td><td></td><td></td><td></td></tr>
<tr><td colspan="2" rowspan="2">报销总额</td><td colspan="7">¥</td><td colspan="2" rowspan="2">预借金额</td><td colspan="2" rowspan="2"></td><td>补领</td><td colspan="2"></td></tr>
<tr><td colspan="7">大写：</td><td>退还</td><td colspan="2"></td></tr>
<tr><td colspan="5">总经理审批</td><td colspan="5">财务审核</td><td colspan="4">部门审核</td><td colspan="2">报销人</td></tr>
<tr><td colspan="5"></td><td colspan="5"></td><td colspan="4"></td><td colspan="2"></td></tr>
</table>

表 5-18　员工借款台账

单位：　　　　　　　　　　　　　年　月　　　　　　　　　　　　　单位：元

序号	姓名	所属部门	借款用途	借款日期	借款金额	还款日期	还款金额	余额	备注

制表人：

业务十　13 日，出纳人员张平准备从银行提取备用金 5,700.00 元，用于补足库存现金限额。请填写表 5-19～表 5-21。假设使用支付密码器生成的密码为 5871-5441-2642-9578。

表 5-19　现金支票使用记录表

日期	使用支票号码	收款单位	用途	金额	领用人签字

表 5-20　现金支票（1）

<table>
<tr>
<td>
中国建设银行
现金支票存根
52010121
09452101
附加信息＿＿＿＿＿＿＿＿
＿＿＿＿＿＿＿＿＿＿＿＿
＿＿＿＿＿＿＿＿＿＿＿＿
出票日期　　年　月　日
收款人：
金额：
用途：
单位主管　　　　会计
</td>
<td>
中国建设银行　现金支票　　52010121
09452101
出票日期（大写）　　年　月　日
付款行名称：中国建设银行贵阳中华路支行
收款人：　　　　出票人账号：5228224578698888
人民币（大写）　亿 | 千 | 百 | 十 | 万 | 千 | 百 | 十 | 元 | 角 | 分
用途＿＿＿＿＿＿　　　　密码＿＿＿＿＿＿
上列款项请从
我账户内支付
出票人签章　　　　　复核　　　　记账
</td>
</tr>
</table>

表 5-21　现金支票（2）

<table>
<tr>
<td rowspan="3">附加信息：</td>
<td colspan="2">收款人签章
年　月　日</td>
<td rowspan="3">贴粘单处</td>
</tr>
<tr>
<td>身份证名称：</td>
<td>发证机关：</td>
</tr>
<tr>
<td colspan="2">号码</td>
</tr>
</table>

业务十一　22 日，贵州经典年华服饰有限公司出纳人员张平根据付款申请单（表

5-22）到银行办理银行汇票支付货款。请填写表 5-23。

表 5-22　付款申请单

2018 年 12 月 22 日

用途及情况	金额											收款单位：贵州物美服装有限公司
付货款	亿	千	百	十	万	千	百	十	元	角	分	账号：25771168413300250
				¥	4	0	0	0	0	0	0	开户银行：中国建设银行贵阳河滨支行
金额大写	肆万元整						电汇：☐转账：☐汇票：☑网银：☐其他：☐					

总经理	李晓成	财务部门	经理	王兴明	采购部门	经理	陈松
			会计	吴浩		经办人	王凯

表 5-23　银行汇票

中国建设银行　　　　10500010

银行汇票　　2　　　　33640927

出票日期（大写）　　年　　月　　日　　代理付款行：　　　　行号：

收款人：

出票金额　人民币（大写）

实际结算金额　人民币（大写）	亿	千	百	十	万	千	百	十	元	角	分

申请人：＿＿＿＿＿＿　　账号：＿＿＿＿＿＿

出票行：＿＿＿＿＿＿　行号：＿＿＿＿＿＿

备　注：＿＿＿＿＿＿

凭票付款

中国建设银行股份有限公司 汇票专用章

出票行签章

密押：										
多余金额										
千	百	十	万	千	百	十	元	角	分	复核　　记账

提示付款期限自出票之日起壹个月

此联代理付款行付款后作联行往账借方凭证附件

业务十二　23 日，收到贵阳美衣美商贸有限公司的押金 5,500.00 元，出纳人员张平收到对方经办人交来的现金，点钞完毕后开具收据并签章交给对方。请填写表 5-24。

表 5-24　收款收据

年　月　日　　　　No：0021122

今收到
交来款
人民币（大写）
¥
备注：

主管　　　　会计　　　　出纳　　　　经手人

第一联　存根联

业务十三 23 日，将今日收到的押金 5,500.00 元现金存入银行。请填写表 5-25。

表 5-25 现金交款单

中国建设银行 China Construction Bank　　现金交款单　　00156814

币种：人民币　　年　月　日　　流水号

<table>
<tr><td rowspan="3">单位填写</td><td>收款单位</td><td colspan="5"></td><td colspan="3">交款人</td><td colspan="3"></td></tr>
<tr><td>账（卡）号</td><td colspan="5"></td><td colspan="3">款项来源</td><td colspan="3"></td></tr>
<tr><td colspan="2"></td><td>千</td><td>百</td><td>十</td><td>万</td><td>千</td><td>百</td><td>十</td><td>元</td><td>角</td><td>分</td></tr>
<tr><td>银行确认栏</td><td colspan="12"></td></tr>
</table>

第一联 银行留存

业务十四 24 日，银行转来收款通知书，收到贵阳林红百货商场转来的货款 105,415.00 元，会计已编制记账凭证（记账凭证略）。

业务十五 25 日，贵州经典年华服饰有限公司采用托收承付结算方式向云南开心百货公司销售服装一批（购销合同号：524762682），开出增值税专用发票，价税款合计为 57,000.00 元。同时垫付运费 4,000.00 元，取得运费发票（运单号：HY57426984）。请填表 5-26（云南开心百货公司，账号为 3524136522368412，开户行为中国工商银行昆明分行）。

表 5-26 托收承付（受理回单）

委托日期　年　月　日

<table>
<tr><td rowspan="3">付款人</td><td>全称</td><td colspan="3"></td><td rowspan="3">收款人</td><td>全称</td><td colspan="10"></td></tr>
<tr><td>账号</td><td colspan="3"></td><td>账号</td><td colspan="10"></td></tr>
<tr><td>开户行</td><td colspan="3"></td><td>开户行</td><td colspan="10"></td></tr>
<tr><td>托收金额</td><td colspan="5">人民币
（大写）</td><td>千</td><td>百</td><td>十</td><td>万</td><td>千</td><td>百</td><td>十</td><td>元</td><td>角</td><td>分</td></tr>
<tr><td colspan="3">附件</td><td colspan="3">商品发运情况</td><td colspan="10">合同名称号码</td></tr>
<tr><td colspan="2">附寄单据张数或册数</td><td></td><td colspan="3"></td><td colspan="10"></td></tr>
<tr><td colspan="3">备注</td><td colspan="5">款项收妥日期

年　月　日</td><td colspan="8">（收款人开户行盖章）
年　月　日</td></tr>
</table>

业务十六 根据以上经济业务，填制本月现金日记账表 5-27。

表 5-27　现金日记账

年		凭证		摘要	借方								贷方								余额							
月	日	字	号		十	万	千	百	十	元	角	分	十	万	千	百	十	元	角	分	十	万	千	百	十	元	角	分

业务十七　根据以上经济业务，填制本月银行存款日记账表 5-28。

表 5-28　银行存款日记账

年		凭证		摘要	借方								贷方								余额							
月	日	字	号		十	万	千	百	十	元	角	分	十	万	千	百	十	元	角	分	十	万	千	百	十	元	角	分

业务十八　30 日，公司组织清查小组对库存现金进行突击盘点，会计主管王兴明为清查小组组长兼任监盘人，会计吴浩为盘点人。经人工和点钞机清点后，确定库存现金数量：100 元面值的有 72 张；50 元面值的有 2 张；20 元面值的有 2 张；10 元面值的有 9 张；5 元面值的有 3 张；1 元面值的有 19 张；0.5 元面值的有 11 张；0.1 元面值有 5 张。请根据资料及所编制的现金日记账，填制库存现金盘点表（表 5-29）。

表 5-29　库存现金盘点表

单位：　　　　　　　　　　　盘点日期　　年　月　日

项目	金额	库存现金盘点记录		
现金日记账账面余额		票面	张（枚）数	金额
加：盘点日未入账现金收入		100.00		
减：盘点日未入账现金支出		50.00		
调整后日记账账面余额		20.00		
		10.00		
		5.00		
		1.00		
		0.50		
		0.10		
合计		合计		
盘点记录：				

财务主管：　　　　　　监盘人：　　　　　　出纳：　　　　　　制表人：

参考答案

一、单项选择题

1. A	2. A	3. A	4. C	5. D
6. B	7. D	8. B	9. C	10. B
11. D	12. B	13. D	14. B	15. D
16. D	17. A	18. A	19. B	20. B

二、多项选择题

1. ABCDE	2. ABC	3. ABCDE	4. BC	5. ACD
6. ABCDE	7. ABCD	8. ABCDE	9. AE	10. AB

三、判断题

1. √	2. ×	3. ×	4. ×	5. ×
6. ×	7. ×	8. ×	9. ×	10. √

四、实操题

填制完成的现金日记账见表 5-30；填制完成的银行存款日记账见表 5-31。

表 5-30　现金日记账

年		凭证		摘要	借方								贷方								余额							
月	日	字	号		十	万	千	百	十	元	角	分	十	万	千	百	十	元	角	分	十	万	千	百	十	元	角	分
	1			期初余额																			2	2	0	0	0	0
	1			银行取现金			5	3	0	0	0	0											7	5	0	0	0	0
	2			杨建国借款											1	5	0	0	0	0			6	0	0	0	0	0
	6			王凯借款											2	5	0	0	0	0			3	5	0	0	0	0
	7			补付杨建国报销												2	8	0	0	0			3	2	2	0	0	0
	10			支付办公用品款												7	5	0	0	0			2	4	7	0	0	0
	12			支付王凯报销款												7	0	0	0	0			1	7	7	0	0	0
	18			银行取现金			5	7	0	0	0	0											7	4	7	0	0	0
	23			收到押金			5	5	0	0	0	0										1	2	9	7	0	0	0
	23			收款缴存银行											5	5	0	0	0	0			7	4	7	0	0	0
	30			本月合计		1	6	5	0	0	0	0		1	1	2	3	0	0	0			7	4	7	0	0	0
				本年累计	3	7	0	5	0	4	0	0	3	6	3	0	3	4	0	0			7	4	7	0	0	0
				结转下年																			7	4	7	0	0	0

表 5-31　银行存款日记账

年		凭证		摘要	借方								贷方								余额							
月	日	字	号		十	万	千	百	十	元	角	分	十	万	千	百	十	元	角	分	十	万	千	百	十	元	角	分
	1			期初余额																	5	4	2	2	4	1	0	0
	1			银行取现金											5	3	0	0	0	0	5	3	6	9	4	1	0	0
	4			购买布料										5	4	1	2	7	0	0	4	8	2	8	1	4	0	0
	12			支付定金										6	0	0	0	0	0	0	4	2	2	8	1	4	0	0
	13			银行取现金											5	7	0	0	0	0	4	1	7	1	1	4	0	0
	18			办理银行汇票										4	0	0	0	0	0	0	3	7	7	1	1	4	0	0
	23			收款缴存银行			5	5	0	0	0	0									3	8	2	6	1	4	0	0
	24			收到货款	1	0	5	4	1	5	0	0									4	8	8	0	2	9	0	0
	30			本月合计	1	1	0	9	1	5	0	0	1	6	5	1	2	7	0	0	4	8	8	0	2	9	0	0
				本年累计	9	8	8	4	8	9	0	0	5	0	0	4	6	0	0	0	4	8	8	0	2	9	0	0
				结转下年																	4	8	8	0	2	9	0	0

参考文献

［1］唐荣林．出纳岗位理论与实务［M］．北京：高等教育出版社，2014.
［2］会计综合工作能力培训研究组．出纳真账实务实操［M］．北京：光明日报出版社，2016.
［3］李海波．出纳实务新编［M］．上海：立信会计出版社，2007.
［4］韩雪英．出纳实务［M］．上海：立信会计出版社，2018.
［5］施海丽．出纳实务与实训［M］．北京：清华大学出版社，2018.
［6］贾倩楠．出纳业务实用全书［M］．北京：电子工业出版社，2016.